C. Brighetti, A. Fatone, T. Pasqualini   A1|B2

passato prossimo e imperfetto

ALMA Edizioni

**REGOLE
ESERCIZI e TEST**

direzione editoriale: Massimo Naddeo
redazione: La Linea - Bologna
copertina e progetto grafico: Lucia Cesarone
impaginazione: Angela Ragni (La Linea - Bologna)
illustrazioni: Roberto Ghizzo

© 2017 ALMA Edizioni
Printed in Italy
ISBN 978-88-6182-516-1

ALMA Edizioni
via Bonifacio Lupi, 7
50129 Firenze
info@almaedizioni.it
www.almaedizioni.it

Tutti i diritti di traduzione, di memorizzazione elettronica, di riproduzione e di adattamento totale o parziale, con qualsiasi mezzo (compresi i microfilm, le riproduzioni digitali e le copie fotostatiche), sono riservati in tutti i Paesi. L'editore è a disposizione degli aventi diritto per eventuali mancanze o inesattezze.

Fonti iconografiche
p. 21 | pexels.com; p. 25 | pexels.com; p. 26 | pixabay.com; p. 28 | Georges Biard/Wikimedia; p. 29 | Klaus Nahr from Germany/Wikimedia; p. 38 | (1) Svenska Familj-Journalen/Wikimedia Commons; (2) Iacopino del Conte/Wikimedia Commons; (3) Sandro Botticelli/Wikimedia Commons; (4,5,6) Wikimedia Commons; (7) Gaetano Guadagnini/Wikimedia Commons; (8) Ottavio Leoni/Wikimedia Commons; rentalbikeitaly.com; Wikimedia Commons; p. 45 | Traktorminze/Wikimedia Commons; p. 46 | pixabay.com; p. 47 | pixabay.com; Samuel Zeller/Unsplash; p. 48 | Wikimedia Commons; p. 49 | Viktor Kern/unsplash.com; p. 51 | pexels.com; p. 55 | pixabay.com; p. 59 | Mattia.bramb/Wikimedia Commons; p. 61 | melbamunozrojas.blogspot.it; cronologia.leonardo.it; huffingtonpost.it; lucianamiocchi.com; p. 72 | lelinguacciute.wordpress.com; p. 74 | bologna.repubblica.it; p. 75 | ciudadanoenelmundo.com; p. 78 | decathlon.it; alfemminile.com; p. 79 | hellobeautiful.com; Wikimedia Commons; israel-travel-secrets.com; p. 79 | ilpost.it; Wikimedia Commons; p. 81 | emigrati.it; antonioamorosi.it; p. 83 | Wikimedia Commons; Fiore S. Barbato/Wikimedia Commons; ecomuseo.schole.it; p. 86 | Wikimedia Commons; p. 88 | Wikimedia Commons; p. 89 | Leonardo da Vinci/Wikimedia Commons; p. 96 | pixabay.com; p. 98 | Dani Yako/Wikimedia Commons; Charlie Raasum/Wikimedia Commons; p. 99 | pixabay.com; catt.ch; p. 105 | pixabay.com; p. 106 | Tookapic/pexels.com; p. 107 | pixabay.com; Naeimasgary/pixabay.com

indice

presentazione p. 4

1 il passato raccontato con il passato prossimo p. 6
esercizi p. 10
un passo in più: il passato prossimo in differenti tipi di testo p. 21
verifica p. 28

2 il passato raccontato con l'imperfetto p. 30
esercizi p. 32
un passo in più: l'imperfetto in differenti tipi di testo p. 44
verifica p. 54

3 passato prossimo o imperfetto? p. 56
esercizi p. 59
un passo in più: il passato prossimo e l'imperfetto in differenti tipi di testo p. 72
verifica p. 88

4 altre cose da sapere sul passato prossimo e sull'imperfetto p. 90
esercizi p. 94
verifica p. 106

soluzioni p. 108

presentazione

Abbiamo ben accolto la proposta di scrivere questo libro perché il rapporto e la differenza tra passato prossimo e imperfetto è uno degli aspetti più complicati e intriganti del sistema verbale italiano.

La differenza tra i due tempi verbali, infatti, non sempre è definibile, e spesso nemmeno intuibile, neppure per un madrelingua.

Regole generali dicono, per esempio, che il passato prossimo è un tempo che chiude e circoscrive l'azione, mentre l'imperfetto ne esprime la durata e la descrive; ma poi ci si trova di fronte a frasi come *Umberto Eco era uno scrittore / Umberto Eco è stato uno scrittore* che possono disorientare. In realtà, come spesso accade, sono corrette entrambe perché, in questo caso specifico, con l'imperfetto si descrive la continuità di uno stato e con il passato prossimo si dichiara che l'azione è conclusa. L'una scelta o l'altra, quindi, dipendono dall'intenzione di chi parla.

Per cercare di fare chiarezza, abbiamo pensato di organizzare il testo in modo graduale e di adottare alcuni criteri che rendano il libro il più adeguato possibile allo studio in autonomia.

Il testo è stato quindi diviso in quattro unità: la prima dedicata solo al passato prossimo, la seconda all'imperfetto, la terza alla differenza tra i due tempi e la quarta ad altri usi, meno comuni, del passato prossimo e dell'imperfetto.

La struttura di ogni unità prevede: un'introduzione teorica e poi, a seguire, gli esercizi.

La parte teorica è scandita in maniera chiara e sintetica ed è illustrata da schemi ed esempi in maniera tale che lo studente possa facilmente orientarsi.

La parte di esercizi è suddivisa in due sezioni: la prima, generale, è costituita da attività che riprendono punto per punto quanto è stato detto nella teoria. Tale corrispondenza viene chiaramente segnalata da piccole etichette che indicano il tema specifico di ogni esercizio.

presentazione

La seconda sezione (logicamente assente nella quarta unità), chiamata "un passo in più", contiene attività su testi di varie tipologie e presenta la lingua nel suo aspetto più vivo e dinamico, aiutando lo studente ad acquisire una maggiore sensibilità all'impiego della lingua in differenti contesti. Così, per esempio, troviamo: il passato prossimo e l'imperfetto nella lettera, nell'articolo di giornale, nell'intervista, nella recensione, nei messaggi WhatsApp e Facebook, nella pagella scolastica ecc.

Per quanto riguarda i temi presentati nelle due sezioni degli esercizi, sono stati scelti con l'intenzione di dare agli studenti una fotografia abbastanza ampia dell'Italia, presentando aspetti culturali, sociali, di costume, relativi per esempio al cinema e alla letteratura, allo sport e alla pubblicità, alle biografie celebri e alla poesia. A questi si sono aggiunti poi alcuni temi che possono rappresentare il campo di interessi dei lettori: lo studio, il lavoro, il turismo nel nostro Paese.

Ogni unità si conclude con due pagine di verifica sommativa con punteggio finale, per consentire allo studente di monitorare il processo di apprendimento.

Come si diceva, il libro è stato pensato soprattutto per l'autoapprendimento, ma può essere usato con profitto anche in classe.

Gli esercizi sono stati sperimentati in corsi di lingua italiana per stranieri con apprendenti di varia provenienza.

Il lessico rispetta la progressione dei livelli linguistici. Il pubblico a cui il libro si rivolge è costituito da studenti scolarizzati che abbiano un livello di conoscenza dell'italiano che va dal livello A1 al B2.

Le autrici

1 il passato raccontato con il passato prossimo

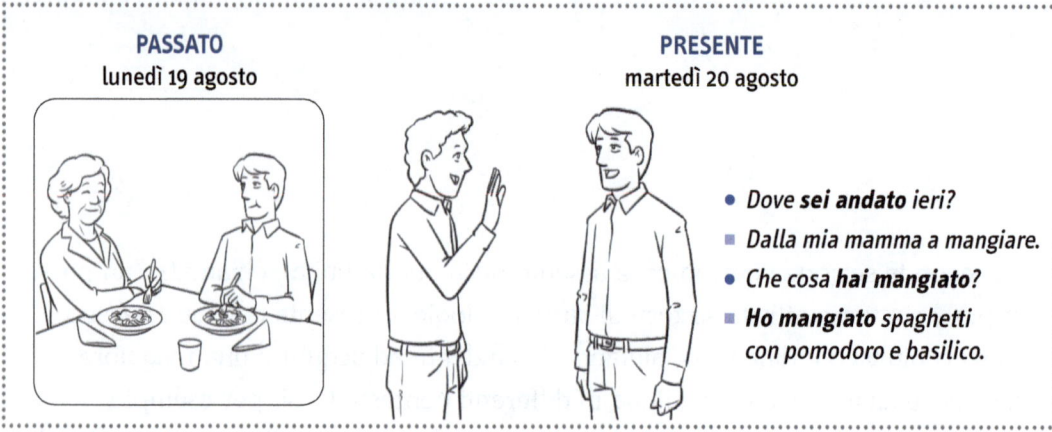

- Dove **sei andato** ieri?
- Dalla mia mamma a mangiare.
- Che cosa **hai mangiato**?
- **Ho mangiato** spaghetti con pomodoro e basilico.

Il **passato prossimo** si usa per parlare di eventi conclusi nel passato ma ancora attuali o rilevanti al presente.

È formato da due verbi: il **presente indicativo** di *avere* (*ho, hai, ha, abbiamo, avete, hanno*) o di *essere* (*sono, sei, è, siamo, siete, sono*) + il **participio passato** (*andato, mangiato*...).

Il **participio passato** si forma dall'**infinito** sostituendo la desinenza *-are* con **-ato**; *-ere* con **-uto**; *-ire* con **-ito**.

VERBI IN:		PARTICIPIO PASSATO
-are	parlare	parl**ato**
-ere	credere	cred**uto**
-ire	partire	part**ito**

Molti participi passati sono **irregolari**. Per esempio:

INFINITO	PARTICIPIO PASSATO	INFINITO	PARTICIPIO PASSATO
essere	stato	decidere	deciso
fare	fatto	ridere	riso
leggere	letto	chiudere	chiuso
dire	detto	perdere	perso
scrivere	scritto	rispondere	risposto
trarre	tratto	porre	posto
condurre	condotto	vedere	visto
aprire	aperto	chiedere	chiesto
morire	morto	vincere	vinto
scegliere	scelto	spegnere	spento
prendere	preso	mettere	messo
accendere	acceso	nascere	nato
spendere	speso	vivere	vissuto

il passato raccontato con il passato prossimo 1

Mario è andato al cinema e ha mangiato i popcorn.

Lella è andata al cinema e ha mangiato i popcorn.

Paolo e Mario sono andati al cinema e hanno mangiato i popcorn.

Lella e Paola sono andate al cinema e hanno mangiato i popcorn.

Con il verbo **avere** il participio passato **non cambia**.

MASCHILE SINGOLARE	FEMMINILE SINGOLARE
mangiato	mangiato
MASCHILE PLURALE	FEMMINILE PLURALE
mangiato	mangiato

Con il verbo **essere** il participio passato **si accorda** con il soggetto.

MASCHILE SINGOLARE	FEMMINILE SINGOLARE
andato	andata
MASCHILE PLURALE	FEMMINILE PLURALE
andati	andate

PRONOME SOGGETTO	PRESENTE DI *AVERE*	+ PARTICIPIO PASSATO
(io)	ho	mangiato
(tu)	hai	mangiato
(lui, lei, Lei)	ha	mangiato
(noi)	abbiamo	mangiato
(voi)	avete	mangiato
(loro)	hanno	mangiato

PRONOME SOGGETTO	PRESENTE DI *ESSERE*	+ PARTICIPIO PASSATO
(io)	sono	andato/a
(tu)	sei	andato/a
(lui, lei, Lei)	è	andato/a
(noi)	siamo	andati/e
(voi)	siete	andati/e
(loro)	sono	andati/e

1 il passato raccontato con il passato prossimo

La scelta dell'ausiliare: *essere* o *avere*?

I verbi che possono avere l'oggetto diretto (chiamati *transitivi*) hanno spesso l'ausiliare **avere**.

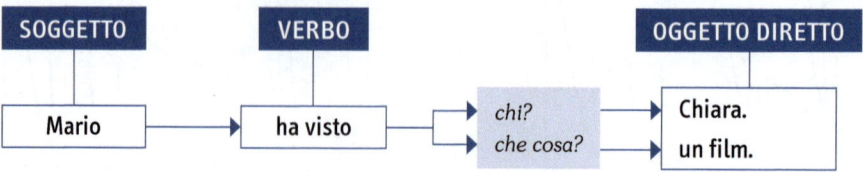

I verbi che non possono avere l'oggetto diretto (chiamati *intransitivi*) hanno spesso l'ausiliare **essere**.

Non esiste una regola precisa per indicare quale ausiliare scegliere.
La maggioranza dei verbi richiede l'ausiliare **avere**.
I verbi più frequenti con l'ausiliare **essere** sono:

1. I verbi che indicano **movimento** (*arrivare, entrare, salire, partire…*).

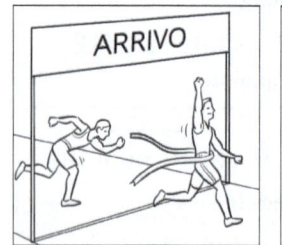   

L'atleta è arrivato primo. *È entrata in casa.* ***Sono** saliti in ascensore.* *Le ragazze **sono** partite.*

Ma alcuni altri verbi come *camminare, nuotare, sciare* e *viaggiare* hanno l'ausiliare **avere**.

Hanno camminato sulle Alpi. *Maria **ha** nuotato in piscina.* ***Abbiamo** sciato sulle Dolomiti.* ***Ho** viaggiato per tutta la Svezia.*

il passato raccontato con il passato prossimo 1

2. I verbi che indicano uno **stato** o un **cambiamento di stato** (come *diventare, ingrassare, restare*...).

 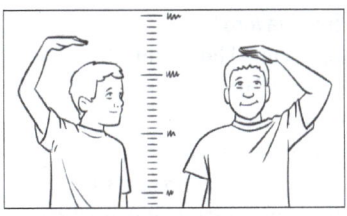 

Sono restati a letto perché sono malati. | I bambini **sono** diventati grandi. | Luigi **è** ingrassato.

3. Tutti i verbi **riflessiv** (come *salutarsi, sedersi, pettinarsi, vestirsi*...).

   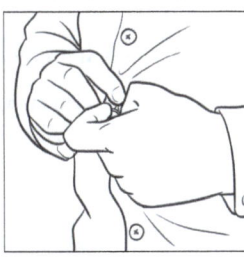

Si **sono** salutate. | Si **sono** seduti. | Si **è** pettinata. | Si **è** vestito.

4. I verbi *mancare, piacere, sembrare* e *servire*.
- In Italia, ti **sono** mancate le tue amiche? ■ No, non mi **sono** mancate per niente.
- Vi **sono** piaciuti i tortellini? ■ No, non ci **sono** piaciuti!
- Come vi **è** sembrato il film? ■ Ci **è** sembrato piuttosto noioso.
- Ti **è** servita la bici ieri sera? ■ No, non mi **è** servita, ho preso l'autobus.

5. I verbi **atmosferici**: *grandinare, nevicare* e *piovere* possono avere **indifferentemente** l'ausiliare **essere** o **avere**.

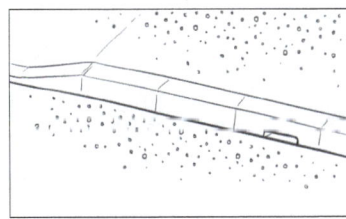  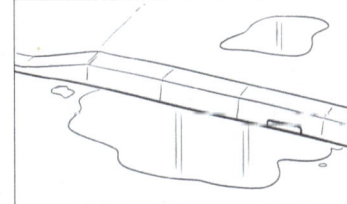

È grandinato. / Ha grandinato. | È nevicato. / Ha nevicato. | È piovuto. / Ha piovuto.

6. Alcuni verbi (come *aumentare, cambiare, cominciare, diminuire, finire*...) possono usare come ausiliare sia ***avere*** sia ***essere***.

Quando il verbo **può avere un oggetto diretto** usa l'ausiliare ***avere***.
*L'insegnante **ha** cominciato* (che cosa?) *la lezione alle 18:00.*

Quando il verbo **non può avere un oggetto** diretto usa l'ausiliare ***essere***.
*La lezione **è** cominciata* (quando?) *alle 18:00.*

Per gli usi avanzati del passato prossimo vedi p. 90.

1 il passato raccontato con il passato prossimo

1. Sottolinea i verbi al passato prossimo.   RICONOSCERE IL PASSATO PROSSIMO

1. È già tardi, non <u>hai finito</u> ancora il tuo lavoro?
2. Tutti i giorni incontro Marco al bar, ieri non l'ho incontrato.
3. L'anno scorso ho studiato francese, quest'anno comincio a studiare italiano.
4. Due anni fa ho trovato lavoro in banca.
5. Di solito dormo molto, stanotte non ho dormito per niente.
6. Il fine settimana non siamo usciti e abbiamo pulito la casa.
7. Ho tagliato la cipolla, la carota e il sedano. Adesso preparo il ragù.
8. Questa mattina siamo arrivati in ritardo perché abbiamo avuto un problema con la macchina e ora abbiamo molto lavoro da fare.
9. Il sabato esco spesso in bici. Sabato scorso sono restato a casa per la pioggia.
10. Abbiamo ballato tutta la notte e ci siamo divertite un sacco, ora siamo stanche.

2. Guarda le immagini e scegli la frase corretta tra quelle indicate.   RICONOSCERE IL PASSATO PROSSIMO

Ho mangiato gli spaghetti. | ~~Sono andato a fare un giro.~~ | Ha lavato i piatti.
Abbiamo brindato. | L'ha baciato sulla guancia. | Sono partiti in aereo.

1. *Sono andato a fare un giro.*

2. _____

3. _____

4. _____

5. _____

6. _____

3. Sottolinea l'ausiliare corretto tra quelli proposti.   L'AUSILIARE AVERE

1. Ieri sera al bar io e Anna *avete | abbiamo | ha* incontrato i nostri amici per un aperitivo.
2. Gli studenti *avete | ho | hanno* parlato con il professore dell'esame.
3. Due giorni fa io *ho | abbiamo | hai* comprato un paio di scarpe nuove.
4. Voi *hanno | abbiamo | avete* lavorato anche di domenica?
5. Noi non *avete | hai | abbiamo* creduto al suo racconto.
6. Stamattina tu *ha | hai | hanno* ricevuto una mail da un amico spagnolo.
7. Il Napoli *ho | ha | avete* battuto la Juventus nell'ultima partita del campionato di calcio.
8. Lo scorso fine settimana io *hai | ho | avete* dormito tutto il giorno.
9. I bambini *hai | hanno | avete* finito di leggere un bellissimo libro di favole.
10. Voi mi *hai | hanno | avete* spedito un regalo per il mio compleanno.

il passato raccontato con il passato prossimo 1

4. Sottolinea l'ausiliare corretto tra quelli proposti. — L'AUSILIARE ESSERE

1. Voi dove *sono* | *siete* | *sei* andati in vacanza quest'estate?
2. Lucia è | *sono* | *siamo* arrivata tardi al lavoro per lo sciopero degli autobus.
3. Dopo un lungo viaggio in macchina, noi *sono* | *siamo* | *è* arrivati al mare.
4. Io *siete* | *sono* | *sei* entrata al cinema alle 7 e mezza.
5. Noi *siete* | *sono* | *siamo* atterrati all'aeroporto Marconi alle 21:05.
6. Voi *siamo* | *sono* | *siete* diventati dei medici competenti dopo molti anni di studio.
7. I bambini si *siamo* | *siete* | *sono* lavati le mani prima di cena.
8. Matteo *sei* | *sono* | *è* stato a cena in un nuovo ristorante giapponese del centro.
9. Giulia, sei in splendida forma: quanto *sono* | *è* | *sei* dimagrita?!
10. A che ora si *sei* | *è* | *sono* svegliati Giacomo e Giovanni?

5. Forma il participio passato dei verbi. — I PARTICIPI PASSATI REGOLARI

1. cantare   *cantato*
2. credere
3. capire
4. ritornare
5. potere
6. preferire
7. salire
8. volere
9. abbracciare
10. amare

6. Che cosa hanno fatto? Forma il participio passato dei verbi. — I PARTICIPI PASSATI REGOLARI

~~fischiare~~ | cadere | uscire | arrivare | fotografare | premere | dormire

1. Ha *fischiato*

2. È _____

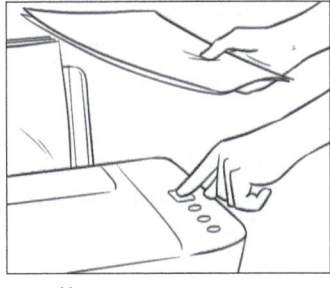
3. Ha _____

4. È _____

5. Ha _____

6. Ha _____

7. Sono _____

passato prossimo e imperfetto | ALMA Edizioni

1 il passato raccontato con il passato prossimo

7. Completa il cruciverba con i participi passati irregolari.

I PARTICIPI PASSATI IRREGOLARI

ORIZZONTALI
2. accendere
6. fare
7. dire
8. morire
9. vedere

VERTICALI
1. nascere
3. spegnere
4. essere
5. ridere
8. mettere

8. Collega le frasi con l'infinito corrispondente dei verbi.

LA FORMAZIONE DEL PASSATO PROSSIMO

1.	Sono andato al museo.
2.	Abbiamo brindato per la promozione.
3.	Siamo stati molto bene con voi.
4.	Ha lavato i piatti.
5.	Ho mangiato un panino.
6.	Ha pagato il conto.
7.	Hanno portato i libri.
8.	Ha preparato l'esame.
9.	Mi ha presentato un'amica.
10.	Sei ritornato a casa.

a.	portare
b.	lavare
c.	preparare
d.	pagare
e.	presentare
f.	andare
g.	stare
h.	ritornare
i.	mangiare
l.	brindare

9. Collega le due colonne.

USI DEL PASSATO PROSSIMO

CHI...

1.	ha inventato la radio?
2.	ha vinto la prima Coppa del Mondo nel 1934?
3.	ha dipinto la Cappella Sistina?
4.	si è sposato con Giulietta Masina?
5.	ha fatto una sfilata dentro la Fontana di Trevi?
6.	ha fabbricato la prima moka per fare il caffè?
7.	ha recitato nel film *La grande bellezza* di Paolo Sorrentino?
8.	sono stati gli attori protagonisti del film *Mio fratello è figlio unico* di Daniele Lucchetti?
9.	è stata la cantante italiana di maggior successo commerciale con 150 milioni di dischi venduti?
10.	ha aperto una lavanderia per i senzatetto nel quartiere Trastevere a Roma?

a.	Michelangelo.
b.	Fendi.
c.	Toni Servillo.
d.	L'Italia.
e.	Alfonso Bialetti.
f.	Papa Francesco.
g.	Mina.
h.	Guglielmo Marconi.
i.	Riccardo Scamarcio e Elio Germano.
l.	Federico Fellini.

il passato raccontato con il passato prossimo 1

QUANDO...

1.	Domenico Modugno è arrivato primo al Festival di Sanremo con la canzone *Nel blu dipinto di blu*, diventata subito *Volare* per gli italiani?	a.	Il primo novembre 1993 con il trattato di Maastricht.
2.	l'Italia ha vinto i mondiali di calcio in Germania?	b.	A marzo del 2006.
3.	Francesco è diventato Papa?	c.	Il 19 febbraio 2016.
4.	è morto Umberto Eco?	d.	Il 2 giugno 1946.
5.	a Parma è nata la prima università italiana?	e.	Nel 2006.
6.	Leonardo da Vinci ha dipinto la Gioconda?	f.	Nel 72 a.C.
7.	Mondadori ha pubblicato *Gomorra*, il libro di Roberto Saviano?	g.	Dal 1503 al 1506.
8.	gli italiani hanno scelto la Repubblica?	h.	Nel 1958.
9.	i romani hanno iniziato a costruire il Colosseo, simbolo di Roma?	i.	Il 13 marzo 2013.
10.	si è formata ufficialmente l'Unione Europea?	l.	Nel 962.

10. Leggi il testo, sottolinea i verbi al passato prossimo e scrivi l'infinito nelle caselle. Le iniziali dei verbi ti danno la parola mancante. **USI DEL PASSATO PROSSIMO**

a. **Il regalo misterioso**

Cara Ida,
scusa se ti scrivo solo ora, ma ho finito la lezione di chitarra da pochi minuti. Ti voglio raccontare di ieri sera. Marco mi ha invitato fuori e mi ha offerto una cena nel ristorante più caro della città. Dopo cena, sai che cosa mi ha regalato? È stato così romantico...
Un _____ .

F	I	N	I	R	E

b. **Il personaggio misterioso**

È stato un semiologo, filosofo e scrittore italiano, ha creato numerosi saggi di semiotica, estetica medievale, linguistica e filosofia, oltre a romanzi di successo come *Il nome della rosa*, e ha osservato come funziona la lingua italiana: è il professor _____ .

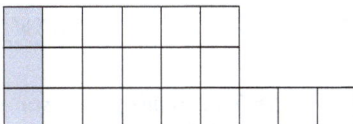

c. **Il cibo misterioso**

Questo sugo, a base di carne, ha ricevuto vari nomi e uno di questi è francese. Ha avuto molto successo all'estero. È famoso nella città di Bologna e in tutta l'Emilia Romagna. Ha generato molti tipi di ricette e molti lo hanno usato per condire pasta e sformati. Stiamo parlando del _____ .

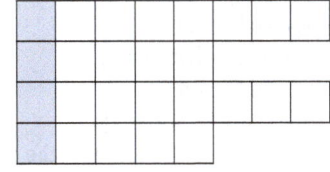

1   il passato raccontato con il passato prossimo

11. Completa con -o, -a, -e, -i.
L'ACCORDO DEL PARTICIPIO PASSATO CON L'AUSILIARE ESSERE

1. Quando Marco e Stefano sono andat_i_ a Parigi, sono atterrat_i_ all'aeroporto Charles De Gaulle.
2. • Marta e Cristina sono tornat__ dal lavoro alle 8:00? ▪ Sì, poi sono uscit__ a cena e sono andat__ al cinema.
3. • Perché Claudia ha pulito casa ieri pomeriggio? ▪ Perché oggi sono venut__ i suoi amici a pranzo.
4. • Quando sono arrivat__ i tuoi amici? ▪ Luisa e Marco sono arrivati all'una. Mario è venut__ più tardi.
5. • A Lucia e Olga è piaciuta Parigi? ▪ Assolutamente sì e infatti ci sono ritornat__ quest'anno.
6. • Quando è nat__ tua cugina? ▪ In aprile.
7. I miei amici sono entrat__ in discoteca a mezzanotte e sono uscit__ all'alba!
8. • Come si trova Caterina a Bologna? ▪ Bene, la cucina le piace molto e infatti è un po' ingrassat__.
9. Daniela si è alzat__ alle 7 di mattina, è andata in ufficio, ha lavorato e alle 7 di sera è ritornat__ a casa.
10. • Le studentesse sono salit__ sulla Torre degli Asinelli? ▪ Sì, ieri.
11. • Perché tu e Valerio siete sces__ alla seconda fermata della metro e non alla terza? ▪ Perché Giulia si è sbagliat__ a darci l'indirizzo del ristorante.
12. Le mie cugine si sono incontrat__ per caso al mercato.
13. Il volo per New York è decollat__ puntuale.

12. Scegli chi ha compiuto l'azione tra i soggetti indicati (sono possibili più soluzioni).
RICONOSCERE IL SOGGETTO

lui | io e Giulia | voi | noi | Giulia e la mamma | ~~i miei amici~~ | tu | io | lei | tu e Antonio

1. _I miei amici_ sono stati a cena qui.
2. _____ hai cantato molto bene.
3. _____ avete preparato un dolce delizioso.
4. _____ siamo arrivati tardi.
5. _____ ho pulito la camera da letto.
6. _____ sono uscite dal cinema alle 8 di sera.
7. _____ è entrata di corsa in cucina.
8. _____ siete venuti a trovarmi.
9. _____ abbiamo ascoltato un bel concerto.
10. _____ ha cucinato del pesce.

13. Completa con il passato prossimo dei verbi indicati (tutti i verbi hanno l'ausiliare *essere*).
IL PASSATO PROSSIMO CON I VERBI DI MOVIMENTO

1. Paolo e Giulio [*andare*] _sono andati_ dal direttore della scuola.
2. Anna [*partire*] _____ stamattina presto per raggiungere il suo fidanzato in Olanda.
3. Io e Luciana [*venire*] _____ al lavoro in bicicletta.
4. Le mie amiche [*tornare*] _____ a piedi dal centro.
5. Ieri [*arrivare*] _____ un pacco per te.
6. A che ora voi [*entrare*] _____ a teatro?
7. Io [*uscire*] _____ con Marina e Matteo.
8. Massimo [*salire*] _____ al quinto piano con l'ascensore.
9. Le mie nonne [*ritornare*] _____ a vivere nel loro paese d'origine.
10. Giovanni [*cadere*] _____ quando [*scendere*] _____ dalla scala.
11. I colori vivaci [*ritornare*] _____ di moda quest'estate.
12. Ho appena letto sul giornale che due giraffe [*scappare*] _____ da uno zoo in Cina.
13. I ladri [*fuggire*] _____ con i gioielli dalla casa dei vicini.

il passato raccontato con il passato prossimo 1

14. Completa con il passato prossimo dei verbi indicati (tutti i verbi hanno l'ausiliare *essere*).
IL PASSATO PROSSIMO CON I VERBI DI STATO E DI CAMBIAMENTO DI STATO

1. Quando Michele le ha regalato una rosa, Angela [*arrossire*] ____è arrossita____ .
2. Ieri [*essere*] _____ una giornata magnifica!
3. Dopo una settimana di dieta i miei amici [*dimagrire*] _____ di due chili!
4. • Come siete state ieri con gli zii? ■ [noi, *stare*] _____ bene.
5. Martedì ho avuto la febbre e [*restare*] _____ tutto il giorno a casa.
6. Quando sono andate in Spagna, hanno mangiato troppo e [*ingrassare*] _____ .
7. Questo aceto balsamico [*invecchiare*] _____ dieci anni.
8. Il mese scorso [*nascere*] _____ le mie due cugine, sono gemelle e sono biondissime!
9. Pio [*crescere*] _____ molto. È già alto un metro e ottanta.
10. Quando i ladri sono entrati in casa, [noi, *morire*] _____ per lo spavento.

15. Trova per ogni persona la ragione del suo stato, collegando le frasi delle due colonne e completando a piacere quelle che lo richiedono.
IL PASSATO PROSSIMO E LA SPIEGAZIONE DI UNO STATO PRESENTE

1.	Anna e Gaia hanno un cerotto perché	a.	abbiamo comprato un nuovo libro di ricette.	
2.	Carolina e Mara sono in ritardo perché	b.	non ha passato l'esame _____ .	
3.	Cuciniamo tutto il giorno perché	c.	ha vinto un viaggio _____ .	
4.	Paola oggi è molto triste perché	d.	siamo andati a correre.	
5.	Gianni è in aeroporto perché	e.	hanno perso l'ultimo treno.	
6.	Voi siete stanchi perché	f.	hai ricevuto un regalo _____ .	
7.	Beviamo un bicchiere d'acqua perché	g.	ho incontrato un vecchio amico.	
8.	Tu ridi felice perché	h.	ieri si sono ferite ____con una spina____ .	
9.	Tu sei arrabbiata perché	i.	hai preso una multa.	
10.	Sono emozionata perché	l.	non avete dormito neppure un'ora _____ .	

16. Completa con il passato prossimo dei verbi indicati (tutti i verbi sono riflessivi e hanno l'ausiliare *essere*).
IL PASSATO PROSSIMO CON I VERBI RIFLESSIVI

pettinarsi | lavarsi | baciarsi | mettersi | salutarsi | alzarsi | ~~svegliarsi~~
vestirsi | bagnarsi | vedersi | sedersi | truccarsi

1. Laura è arrivata tardi all'Università, perché ____si è svegliata____ alle 10:00.
2. Quando è entrato il professore, tutti gli studenti _____ in piedi.
3. Maria, che cosa hai fatto ai capelli? Oggi [tu] _____ diversamente dal solito.
4. • A che ora siete arrivate al ristorante? ■ Alle 20:00, ma non c'era posto, abbiamo aspettato e _____ solo alle 21:00.
5. Per prendere l'autobus delle 7:00, [io] _____ di corsa e ho indossato due calzini diversi.
6. • Bambini, _____ i denti prima di andare a letto? ■ No, mamma, non ancora; ma andiamo subito o ti arrabbi!
7. All'uscita da scuola, gli studenti _____ con un gesto della mano.
8. Antonella _____ per la prima volta a 15 anni: rossetto, cipria e un filo di ombretto.
9. Ieri pioveva tantissimo e [noi] _____ dalla testa ai piedi.
10. Usciti dalla chiesa e dopo il lancio del riso, gli sposi _____ .
11. Per Capodanno [io] _____ un abito elegante e le scarpe con il tacco.
12. Matilde e Luana _____ davanti al cinema alle 8 di sera.

1 il passato raccontato con il passato prossimo

17. Completa con il passato prossimo dei verbi indicati.

IL PASSATO PROSSIMO DI PIACERE, SERVIRE, MANCARE E SEMBRARE

1. • Hai visto l'ultimo film di Tarantino?
   ▪ Sì, l'ho visto con Giulia mercoledì al cinema. Ci [*piacere*] _è piaciuto_ moltissimo.
2. • Il tuo francese migliora?
   ▪ Abbastanza, le lezioni di Mélanie mi [*servire*] _____ per superare l'esame.
3. • Abbiamo fatto le prime vacanze da soli, senza i nostri genitori!
   ▪ Vi [*piacere*] _____ ?
   • Sì, ci siamo divertiti da morire!
4. • Hai conosciuto Julie?
   ▪ Chi? La studentessa francese?
   • Sì, come ti [*sembrare*] _____ ?
   ▪ Mi [*sembrare*] _____ simpatica e solare.
5. • Sei riuscito a trovare un buon ristorante a Gubbio?
   ▪ Sì, grazie; il tuo consiglio mi [*servire*] _____ .
6. • Hai già fatto gli esercizi di matematica per domani?
   ▪ Li ho finiti rapidamente, mi [*sembrare*] _____ molto facili.
7. • Che buoni i biscotti di nonna Rachele!
   ▪ Davvero! Mi [*piacere*] _____ molto!
8. • Siete riusciti a finire la maratona di New York?
   ▪ Non proprio, a pochi chilometri dall'arrivo ci [*mancare*] _____ le forze.
9. • Oggi ho preparato una buonissima lasagna!
   ▪ Bene! Vedo che il libro di ricette che ti ho regalato ti [*servire*] _____ !
10. • Vi [*piacere*] _____ le spiagge della Sardegna?
    ▪ Sì, alcune sono spettacolari, meglio dei Caraibi!

18. Completa con il passato prossimo dei verbi *cominciare, finire, aumentare, bruciare* (in un caso serve l'ausiliare *avere* e nell'altro *essere*).

VERBI CON AUSILIARE ESSERE O AVERE

1. L'estate _____ .
2. Michelangelo _____ il David nel 1501.

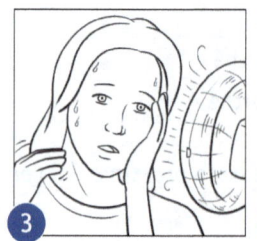 

3. La temperatura _____ .
4. Il governo _____ le tasse.

5. L'estate _____ .
6. Michelangelo _____ il David nel 1504.

7. Il bosco _____ .
8. Tania _____ la pizza.

il passato raccontato con il passato prossimo 1

19. Completa con il passato prossimo e collega le frasi alle immagini.

IL PASSATO PROSSIMO CON I VERBI ATMOSFERICI

1. • Si sono rotti molti rami degli alberi in giardino. ■ Certo, [*grandinare*] _____ !
2. • Sei uscita? ■ No, [*piovere*] _____ tutto il giorno.
3. • Avete sciato? [*nevicare*] _____ molto? ■ Sì, abbiamo trascorso una bellissima vacanza!

20. *Essere* o *avere*? Completa con l'ausiliare corretto tra quelli indicati (due sono in più).

L'AUSILIARE ESSERE O L'AUSILIARE AVERE

AVERE ~~ho~~ | hai | ha | abbiamo | avete | hanno
ESSERE sono | sei | è | siamo | siete | sono

1. Io _ho_ mangiato la pasta.
2. Noi _____ ringraziato la mamma.
3. Giorgio _____ nato nel 2001.
4. Voi _____ entrate di corsa.
5. Ieri io _____ restato a casa tutto il giorno.
6. Voi _____ avuto freddo in montagna?
7. Le ragazze _____ uscite con noi.
8. Noi _____ stati a una bella festa ieri.
9. Loro _____ guardato la tv con gli amici per tutta la sera.
10. Tu _____ ritornato tardi ieri sera.

21. Ecco gli appunti di una gita a Bologna di Nina e Ruth. Scrivi una frase per ogni attività usando il passato prossimo.

IL PASSATO PROSSIMO CON ESSERE E AVERE

09.07 arrivo in stazione
09:15 colazione
10:00 giro per la città
11:00 shopping
12:30 pranzo: tortellini e lasagne
14:00 in cima alle Torri: Asinelli e Garisenda
15:30 caffè
16:00 mostra Museo Morandi
18:00 aperitivo
20.16 ritorno a Ferrara

Siamo arrivate in stazione.
_____
_____
_____
_____
_____
_____
_____
_____
_____

1 il passato raccontato con il passato prossimo

22. Questa è l'agenda di Silvia. Completa le frasi con il passato prossimo dei verbi indicati facendo riferimento ai suoi impegni settimanali.

IL PASSATO PROSSIMO CON ESSERE E AVERE

APRILE

Lunedì 10	Martedì 11	Mercoledì 12	Giovedì 13	Venerdì 14	Sabato 15	Domenica 16
ORE 13 pranzo con Simona	ORE 11 riunione di lavoro		ORE 12 parrucchiere			ORE 8:30 ritrovo in stazione con gruppo di trekking per passeggiata Monte Sole
ORE 19:30 pilates	ORE 16 centro estetico	ORE 19 aperitivo con Gianni	ORE 19:30 pilates	ORE 20 telefonare a Julie		
ORE 22 cinema con Sara		ORE 21 cena con amici	ORE 21 Piero	ORE 21 giapponese con Diego	ORE 22:30 concerto Subsonica	

OGGI È

1. [12 APRILE] Ieri [andare] ___è andata___ al centro estetico.
2. [20 APRILE] Una settimana fa [fare] _____ pilates.
3. [13 APRILE] Stamattina [tagliarsi] _____ i capelli.
4. [14 APRILE] Un'ora fa [telefonare] _____ a Julie.
5. [14 APRILE] Due giorni fa [prendere] _____ un aperitivo.
6. [12 APRILE] Ieri mattina [avere] _____ una riunione di lavoro.

OGGI È

7. [16 APRILE] Lunedì [pranzare] _____ con Simona.
8. [16 APRILE] L'altra sera [cenare] _____ al giapponese.
9. [15 APRILE] L'altro ieri [incontrarsi] _____ con Piero.
10. [12 APRILE] Oggi pomeriggio [cucinare] _____ per tutti.
11. [16 APRILE] Ieri sera [ascoltare] _____ musica dal vivo.
12. [21 APRILE] Domenica scorsa [camminare] _____ in montagna.

23. Completa le frasi con il participio passato dei verbi indicati.

IL PASSATO PROSSIMO CON ESSERE E AVERE

prenotare | tornare | partire | insegnare | andare | tagliare | festeggiare | ~~nascere~~ | trovare
ringraziare | ballare | imparare

1. I due gemelli sono ___nati___ alle 7:00.
2. Viola è _____ per Siviglia.
3. Avete _____ i biglietti per il teatro in Internet?
4. Maria ha _____ tutti per il regalo.
5. Hai _____ le chiavi del motorino?
6. Giulio, il mio professore, ha _____ italiano a Londra per molti anni.
7. Gabriele ha sei anni e ha _____ da poco ad andare in bici.
8. Perché Simone è _____ via così presto?
9. Gli studenti alla festa hanno _____ o hanno ascoltato solamente la musica?
10. Dove avete _____ il Natale?
11. Siamo _____ da una lunga vacanza e adesso ci sentiamo molto riposati.
12. Hai _____ i capelli? Stai molto bene!

il passato raccontato con il passato prossimo

24. Trasforma le frasi al passato prossimo. **DAL PRESENTE AL PASSATO PROSSIMO**

1. Andate allo stadio?
   Ieri _siete andati/-e_ allo stadio?
2. Mario gioca a pallacanestro.
   Lunedì scorso _____ a pallacanestro.
3. Tutti gli studenti partecipano al corso di cucina.
   L'altra settimana _____ al corso di cucina.
4. I turisti salgono sul vulcano a piedi.
   Nel fine settimana _____ sul vulcano a piedi.
5. Troviamo molto traffico in autostrada.
   Al ritorno dal mare _____ molto traffico in autostrada.
6. Domando informazioni sugli orari dei treni.
   Prima di partire _____ informazioni sugli orari dei treni.
7. Cambia i soldi in banca.
   Poche ore fa _____ i soldi in banca.

25. Completa con il passato prossimo dei verbi indicati. Attenzione, tutti i verbi hanno il participio passato irregolare. **IL PASSATO PROSSIMO CON I PARTICIPI PASSATI IRREGOLARI**

fare > fatto | scrivere > scritto | spendere > speso | decidere > deciso | scendere > sceso
rispondere > risposto | ~~spegnere > spento~~ | nascere > nato | vivere > vissuto | dire > detto

1. Marco _ha spento_ la tv perché non c'è niente di interessante.
2. Bruno _____ il pony express per pagare le tasse dell'università.
3. Il giornalista _____ che la Roma gioca domani.
4. Filippo _____ poco prima del 2000, ha più di 20 anni ormai.
5. Noi _____ molti anni all'estero ma ora siamo contenti di vivere in Italia.
6. Marta _____ giù per fare un po' di spesa al supermercato.
7. Quanto [tu] _____ per comprare questa bella giacca?
8. Piero _____ di fare l'avvocato all'età di 15 anni.
9. Perché non [voi] _____ ancora al mio messaggio?
10. Leopardi _____ molte poesie, la mia preferita è _L'infinito_.

26. Completa con il passato prossimo dei verbi indicati. Attenzione, tutti i verbi hanno il participio passato irregolare. **IL PASSATO PROSSIMO CON I PARTICIPI PASSATI IRREGOLARI**

leggere > letto | ~~morire > morto~~ | prendere > preso | accendere > acceso | ridere > riso
vedere > visto | chiedere > chiesto | vincere > vinto | mettere > messo | scegliere > scelto

1. Il portiere _è morto_ di paura perché è entrato un cane in campo.
2. I tifosi _____ in faccia agli avversari perché li hanno battuti 10 a 0.
3. Maria e anche le sue amiche _____ di giocare a calcio perché sono innamorate del capitano della Juventus.
4. Noi _____ la tv per vedere la partita.
5. L'Italia _____ il campionato del mondo nel 2006.
6. Domenica Tommaso _____ il derby Milan-Inter allo stadio.
7. Massimo _____ il risultato della partita sulla _Gazzetta della sport_.
8. Voi _____ alla biglietteria il prezzo del biglietto per entrare al Palazzo dello Sport.
9. L'attaccante _____ un palo e la Roma ha pareggiato.
10. Il portiere _____ la palla in calcio d'angolo.

1 il passato raccontato con il passato prossimo

27. Completa con il passato prossimo dei verbi indicati.
USO DEL PASSATO PROSSIMO

1. *rispondere | ricevere | spedire*
   Ieri ___ho ricevuto___ una lettera importante da mio padre che è all'estero da qualche mese. ___Ho risposto___ e ___ho spedito___ subito un'e-mail.

2. *avere | chiamare | stare | salire*
   Alessandro non _____ bene ieri pomeriggio. _____ mal di testa e la febbre _____ rapidamente. Oggi _____ il dottore per una visita.

3. *mangiare | raccontare | vedere*
   Lucia e Valeria mi _____ la loro domenica: _____ al cinema *La pazza gioia* di Virzì e _____ una pizza in centro.

4. *decidere | telefonare | darsi | incontrarsi*
   Federica e Cora _____ dopo tanto tempo e _____ di provare un nuovo ristorante indiano. _____ per prenotare un tavolo e _____ appuntamento alle 8 e mezza.

5. *chiudere | chiamare | spegnere | leggere*
   Sono pronta per il mio viaggio: _____ attentamente la guida di Madrid, _____ le luci di casa, _____ le finestre, e _____ un taxi, direzione: aeroporto!

6. *nascere | scrivere | fare*
   Sai cosa _____ il padre di Tania quando lei _____ ? Le _____ una poesia.

28. Riordina le frasi.
L'ORDINE DELLE PAROLE NELLA FRASE

1. amici | Marco | allo | è | stadio | andato | con | gli
   Marco è andato allo stadio con gli amici.

2. fatto | addominali | Lucia | dieci | ha | forma | tenersi | in | per

3. tornata | dalla | alle | 3:00 | è | Martina | palestra

4. Paolo | Antonio | e | si | allenati | sono | il | pomeriggio | tutto

5. giocato | partita | una | meravigliosa | avete

6. tirato | palla | ha | tu | la | e | canestro | fatto | hai | Giovanni

7. Monica | piscina | alle | dalla | 5:00 | Giulia | e | uscite | sono

8. italiana | ha | Marcello Lippi | nazionale | la | allenato

9. comprato | nuovo | un | pantaloncini | di | paio | per | ho | sport | fare

29. Completa con il passato prossimo dei verbi indicati e con una delle parole proposte.
IL PASSATO PROSSIMO E LE ESPRESSIONI DI TEMPO

1. Oggi sono stanco; ___ieri___ [*correre*] ___ho corso___ quasi due ore! [dopo | ~~ieri~~]
2. _____ [*noi, andare*] _____ al mercato e adesso prepariamo la cena. [prima | dopo]
3. _____ il direttore [*parlare*] _____ con lo studente e anche con i suoi genitori. [poi | ieri]
4. _____ che i miei amici [*tornare*] _____ da Napoli, hanno detto che è impossibile mangiare una pizza così buona in altre città. [dopo | prima]
5. Non mi sento bene: _____ [*bere*] _____ dell'acqua ghiacciata. [adesso | due ore fa]
6. _____ [*noi, fare*] _____ colazione al bar e dopo siamo andati a lavorare. [questa mattina | poi]

il passato raccontato con il passato prossimo

30. Completa con il passato prossimo dei verbi indicati.

IL PASSATO PROSSIMO NEL DIARIO

partire | andare (x 2) | arrivare | stare (x 2) | ballare | cenare
prendere | fare (x 2) | giocare | ripartire | ritornare | svegliarsi (x 2)

Che cosa ho fatto il fine settimana passato

Sono partita per Rimini, una località di mare in Emilia-Romagna. [io] _____ tardi, verso le 10 della mattina, _____ il treno alle 11 e _____ là a mezzogiorno. _____ con degli amici.
[noi] _____ in spiaggia tutto il pomeriggio, _____ a frisbee, _____ le parole crociate poi la sera, affamati, _____ a casa di un mio amico. Dopo cena, [noi] _____ a una festa sulla spiaggia dove c'era un falò, c'era la musica, _____, abbiamo bevuto, _____ due chiacchiere e il giorno dopo _____ tardi, verso mezzogiorno, _____ al mare per tre, quattro ore e dopo _____. _____ a Bologna in macchina e siamo arrivati a casa verso le 7 di sera.

31. In molte città italiane, ormai, l'aperitivo ha sostituito la cena. Leggi l'esperienza di Mara in un locale di Bologna. Completa con il passato prossimo dei verbi indicati.

IL PASSATO PROSSIMO NEL BLOG

il blog di Mara

Finalmente ieri sera [io, provare] __ho provato__ l'aperitivo. Qui in Italia è veramente un rito! Ieri sera [io, andare] _____ alle Stanze, un bar molto elegante nel centro di Bologna. [ordinare] _____ uno spritz (vino bianco e Aperol o Campari), [pagare] _____ 10 euro e [mangiare] _____ bignè farciti, pizza, pizzette, supplì, piadine arrotolate, frittate in stile napoletano, mozzarelle e cous cous. Inoltre [io, tornare] _____ a fare un secondo giro al buffet e [assaggiare] _____ salumi e formaggi di tutti i tipi. Quando i miei amici [arrivare] _____, il cameriere [venire] _____ al nostro tavolo e [raccontare] _____ anche a loro la formula dell'aperitivo. Pensavano a uno scherzo!

un passo in più: il passato prossimo in differenti tipi di testo

passato prossimo e imperfetto | ALMA Edizioni

1 il passato raccontato con il passato prossimo

32. Completa il testo che descrive come si sono incontrati Amanda e Antonio con i verbi indicati.

IL PASSATO PROSSIMO NELLA CRONACA

è nata | si sono sposati | ci siamo lasciati | ho preso | è stato | sono partita | hanno avuto | è arrivata
l'ha ricevuta | ha studiato | è nato | ho contattato | abbiamo cominciato | ha deciso | siamo partiti | ha passato

INCONTRARSI

Amanda ___è nata___ in Veneto 25 anni fa. Nel 2014 si è laureata in architettura e _____ di viaggiare per un anno in Sud America con il suo fidanzato. "_____ per il Brasile ma dopo poco _____ a litigare furiosamente e _____. A quel punto, _____ la decisione di non tornare indietro e _____ uno studio di architettura di Santiago del Cile, e dopo poco _____ per andare a lavorare là." Antonio invece _____ in Cile, _____ architettura a New York ed è socio dello studio dove ora Amanda lavora. Anzi, _____ proprio lui che _____ quando _____ a Santiago. Un anno dopo _____ a New York e _____ un bambino: Eddy che _____ più tempo con la babysitter che con loro. "Siamo sempre molto occupati con il lavoro" dicono i genitori, "adesso per esempio, ci hanno invitato al Festival dell'Architettura di Berlino e per prepararci passiamo 12 ore al giorno in studio!"

[repubblica.it]

33. Nel forum *Trovare casa* gli studenti danno informazioni e consigli su come trovare una casa. Completa i consigli di Stefano e Gilberto con il passato prossimo dei verbi indicati.

IL PASSATO PROSSIMO NEL FORUM ONLINE

Stefano : avere (x 2) | trovare | essere | allenare
Gilberto : avere | provare | comprare | cambiare | capire | sentirsi

TROVARE CASA

Stefano
Come studente fuori sede, devo dire che ___sono stato___ molto fortunato sotto tutti i punti di vista. _____ casa subito (in tre giorni!) ed era bellissima e appena ristrutturata, proprietario fantastico, prezzo basso, coinquilini simpaticissimi, posizione eccellente (fermata del tram e supermercato sotto casa, e a 15 minuti a piedi dal centro storico), non _____ nessun problema. Quindi la mia esperienza non fa molto testo: con tutta la fortuna che _____, non _____ le mie capacità di *problem solving!*

Gilberto
Ciao a tutti, la mia esperienza in fatto di case è alta. Pensate che _____ 18 appartamenti nel giro di quattro anni.
_____ tutte le soluzioni:
— case piccole con tanta gente, ovvero modello comunità: ottima soluzione perché è facile socializzare ma _____ molti problemi con le pulizie, soprattutto in cucina;
— case grandi con poca gente e distanti dal centro: _____ una bicicletta, ma ogni scusa è buona per non uscire di casa;
— case piccole con poca gente: l'ideale per avere il proprio spazio personale ma qualche volta _____ isolato e solo.
Secondo me è importante scegliere i coinquilini giusti.
Io consiglio di invitare i tuoi futuri coinquilini a cena o a fare l'aperitivo a casa tua. Quando [tu] _____ se ti sono simpatici allora puoi decidere se viverci assieme.

il passato raccontato con il passato prossimo   1

34. Nella biblioteca dove lavora Paola, a Bologna, c'è stato il furto di un prezioso manoscritto. La polizia convoca Paola per chiederle dei suoi spostamenti durante la settimana in cui è avvenuto il furto. Guarda l'agenda di Paola e immagina di rispondere alle domande del commissario. Usa il passato prossimo.

IL PASSATO PROSSIMO NELL'INTERROGATORIO

10-16 OTTOBRE	Lunedì	Martedì	Mercoledì	Giovedì	Venerdì	Sabato	Domenica
7:00		7:30 - 8:30 piscina					7:30 - 8:30 chiamare Anna
9:00	9:00 - 11:00 riunione redazione UniNEWS (Aula Magna)	9:30 caffè con Marcello			9.20 treno per Ferrara	10:00 - 11:00 spesa: pane, verdura, frutta, formaggio	9:30 - 19:30 montagna
12:00			12:00 - 13:00 scrivere relazione riunione mensile			12:30 - 13:30 mostra a Firenze	
13:00	13:00 - 14:00 pranzo Silvana da Spaccanapoli			13:00 - 14:00 pranzo Gabriella	13.10 ritorno da Ferrara		
15:00		16:00 -17:00 prenotare biglietti concerto Vasco		15:30 - 17:30 riunione mensile biblioteca			
17:00	17:30 - 19:30 parrucchiere				18:00 - 19:00 yoga		
18:00			18:30 - 20:00 yoga				
20:00	20:00 - 21:00 apericena ragazze						
21:00						21:30 - 23:00 concerto Vasco	

- Allora signora Paola, Lei lavora alla biblioteca, vero? Il suo orario di lavoro è dalle 8:30 alle 17. Giusto?
- Giusto.
- Bene, vediamo... come ha passato la settimana dal 10 al 16 ottobre?
- Dunque, lunedì mattina... ho partecipato alla riunione della rivista UniNEWS.
- E dove è stata la riunione?
- [essere] _____ in Aula Magna.
- E quanto è durata?
- [durare] _____ due ore.
- E in quanti hanno partecipato?
- [partecipare] _____ tutti i collaboratori della rivista.
- E il direttore?
- [partecipare] _____ anche il direttore.
- A pranzo che ha fatto?
- [pranzare] _____ con la mia collega Silvana.

- E che cosa ha fatto quando è uscita dal lavoro?
- Quando [uscire] _____ dal lavoro [andare] _____ dal parrucchiere.
- E poi?
- Poi [prendere] _____ l'aperitivo con le ragazze del corso di yoga.
- E mercoledì a pranzo?
- Mercoledì non [pranzare] _____ perché [scrivere] _____ la relazione per la riunione mensile.
- È rimasta tutta la settimana a Bologna?
- No, venerdì [andare] _____ a Ferrara, [partire] _____ alle 9:20 e [tornare] _____ alle 13:10 e sabato [andare] _____ a una mostra a Firenze. Domenica [essere] _____ tutto il giorno in montagna.
- Ha mai incontrato il direttore durante la settimana?
- No, mai, eccetto lunedì alla riunione ma questo l'[dire] _____ già.

passato prossimo e imperfetto | ALMA Edizioni

1 il passato raccontato con il passato prossimo

35. Cristina, Carlotta, Luvi, Claudia e Marta, le ragazze del gruppo *WhatsApp* "PUPE" devono andare a cena insieme e si scrivono per mettersi d'accordo. Anche Daniela va a cena, ma non è nel gruppo. Leggi e completa i loro messaggi con il passato prossimo dei verbi indicati.

IL PASSATO PROSSIMO SU WHATSAPP

WhatsApp
GRUPPO PUPE

CRISTINA Ciao ragazze come state? Ho voglia di vedervi! Allora [*decidere*] <u>avete deciso</u> quando ci vediamo per la cena? [*avvertire*] _____ Daniela?

MARTA Veramente... Non le [*dire*] _____ ancora niente.

CLAUDIA Non ci vediamo da troppo tempo! Io ci sono, ma chi prenota, e dove?

CARLOTTA Io posso, sono libera e senza figli... sono in vacanza. 😊

CARLOTTA Brutte notizie, ragazze. Io [*chiedere*] _____ da *Zenzero* ma non c'è posto. 😕

LUVI A me va bene dovunque ma mi raccomando il parcheggio! 🚗 L'ultima volta [*girare*] _____ per 30 minuti e poi [*parcheggiare*] _____ la macchina in sosta vietata e alla fine [*prendere*] _____ la multa.

CARLOTTA Che ne dite da *Tony*, vicino al parcheggio di Piazza VIII agosto?

CRISTINA Buona idea, va bene!

LUVI Ottimo, ci sto! 😊

MARTA Sì, a me va bene, [*trovare*] _____ Daniela, viene anche lei, preferisce un ristorante vegetariano.

CARLOTTA [*prenotare*] _____ già da *Tony* per sei, [*dire*] _____ che arriviamo intorno alle 20:00. Tranquille per Daniela: c'è anche qualche piatto vegetariano.

il passato raccontato con il passato prossimo   1

36. In aeroporto, all'arrivo dopo un lungo viaggio, hai avuto un problema con il bagaglio. Scrivi a Salvaviaggio.com, una società che si occupa di furti, danneggiamenti, smarrimenti e ritardate consegne dei bagagli, per chiedere aiuto. Completa il modulo e racconta il tuo problema con il passato prossimo dei verbi indicati.

IL PASSATO PROSSIMO NEL MODULO DI RECLAMO

~ BAGAGLIO AEREO ~
Ottieni un risarcimento con **Salvaviaggio.com**!

FURTO ☐
DANNEGGIAMENTO ☒
RITARDATA CONSEGNA ☐
SMARRIMENTO ☐

Compagnia Aerea: _____KLM_____
Numero Volo: _____9215_____
Partenza da: _____AMSTERDAM_____
Arrivo a: _____ROMA_____
Data: _____18 APRILE_____

Descrivi cosa è accaduto:

[io, *atterrare*] _____ all'aeroporto di Fiumicino alle ore 16:40.
Quando [*arrivare*] _____ alla consegna bagagli non [*ricevere*] _____ il mio bagaglio. [*aspettare*] _____
30 minuti e quando la mia valigia finalmente [*arrivare*] _____,
[*vedere*] _____ che era danneggiata seriamente.
L'[*aprire*] _____ e non [*trovare*] _____
né i miei cosmetici né i miei gioielli né la mia borsetta nera di cuoio.
[*denunciare*] _____ immediatamente alla polizia il furto.
Come posso avere il risarcimento del danno? Desidero contattare anche un avvocato per avere il suo parere.
In attesa di una vostra risposta
Cordiali saluti

_____

Nome: _____ Cognome: _____
E-mail: _____

un passo in più: il passato prossimo in differenti tipi di testo

1 il passato raccontato con il passato prossimo

37. *La grande bellezza* ha vinto l'Oscar 2014 come miglior film straniero. Gli appassionati di cinema commentano su Twitter la vittoria. Completa le frasi con il passato prossimo dei verbi indicati.

IL PASSATO PROSSIMO SU TWITTER

> *La grande bellezza* è un film di Paolo Sorrentino. È il ritratto di una bellissima Roma. Il protagonista, Jep Gambardella (Toni Servillo, l'attore preferito di Sorrentino), è uno scrittore di 65 anni che nella sua vita ha scritto un solo, unico libro. Jep Gambardella ama la vita mondana e vive in ambienti artistici decadenti.

🐦 #LaGrandeBellezza [trionfare] _ha trionfato_ agli #Oscar!! [vincere] _____ la magia di Roma e il fascino della Dolce Vita.

🐦 #Sorrentino [unire] _____ il talento di #ToniServillo, attore che [recitare] _____ sempre nei suoi film, #Roma, che [fare] _____ da cornice perfetta, e la movida romana.

🐦 #ToniServillo [essere] _____ perfetto! #Sorrentino [creare] _____ un personaggio straordinario e [diventare] _____ un regista mondiale! Mito!

🐦 #Servillo numero uno! Non [recitare] _____ solamente, mi [fare] _____ veramente sognare!

38. Completa i commenti su Facebook a un "dolce evento" con il passato prossimo dei verbi indicati.

IL PASSATO PROSSIMO SU FACEBOOK

facebook

DARIO BISSOLI
L'ultimo giorno di vacanza mi [regalare] _ha regalato_ una nipotina di 3,045 kg... Ilenia [nascere] _____ domenica, mia sorella [fare] _____ proprio un angioletto! Sorella e nipote stanno bene... I nonni sono già molto nervosi... e lo zio è contentissimo!!! Benvenuta Ilenia!!! E auguri anche al papà Mattia!

GIULIO SELMI E l'Inter [vincere] _____ domenica a Udine! Tutto meraviglioso!

DARIO BISSOLI Infatti Giulio, [essere] _____ tutto fantastico!!!

ILARIA PIGOZZI Benvenuta Ilenia! Tua sorella [uscire] _____ dall'ospedale? La voglio andare a trovare, si può?

DARIO BISSOLI Ila, grazie ma Carla [tornare] _____ a casa ieri, stanchissima! Pensa che [andare] _____ a letto alle 19:00! Ora vuole solo riposare 😊

PIERO MARENCHI [chiamare] _____ Carla ma non risponde! [provare] _____ a telefonare anche a Mattia ma non risponde nemmeno lui.

DARIO BISSOLI @Piero, ma leggi????? Sono appena tornati a casa 😊

39. Completa con il passato prossimo la pagella di fine anno scolastico dell'alunno M.P. del Liceo Classico E. Fermi di Bologna.

IL PASSATO PROSSIMO NELLA PAGELLA SCOLASTICA

LICEO CLASSICO E. FERMI
BOLOGNA

PAGELLA SCOLASTICA

L'alunno M.P. [*mostrare*] _____ un impegno adeguato durante tutto l'anno scolastico e [*raggiungere*] _____ gli obiettivi di apprendimento previsti per la classe terza.

Per quanto concerne le discipline umanistiche, lo studente [*realizzare*] _____ con impegno le attività previste e [*dare*] _____ prova di una spiccata sensibilità e un vivo interesse in particolare per l'Epica e la Storia.

Per quanto concerne le discipline scientifiche, tuttavia, M.P. [*manifestare*] _____ difficoltà nel calcolo algebrico e nella risoluzione di problemi di Geometria. La sua appena sufficiente preparazione nelle materie scientifiche [*portare*] _____ scarsi risultati e lo svolgimento dei compiti assegnati non [*essere*] _____ sempre puntuale.

L'alunno M.P. [*svolgere*] _____ un periodo di formazione scuola-lavoro presso una biblioteca comunale dove [*partecipare*] _____ alle attività organizzate con interesse e capacità.

Nel corso di tutto l'anno, [lui, *tenere*] _____ un comportamento rispettoso delle regole della scuola, [*contribuire*] _____ a rendere sereno l'ambiente di lavoro e di studio e [*avere*] _____ un atteggiamento costruttivo e collaborativo con i compagni di classe.

Per questi motivi il collegio dei docenti [*promuovere*] _____ l'alunno M.P. alla classe quarta.

Bologna

IL DIRIGENTE SCOLASTICO

1 il passato raccontato con il passato prossimo

1. Trova otto participi passati, regolari e irregolari.

c	i	s	e	e	n	c	h	q	v	r
r	a	l	r	m	r	u	s	t	i	b
e	c	d	n	t	i	z	m	c	s	i
t	c	h	i	e	s	t	o	a	s	r
s	e	d	u	t	o	r	r	e	u	f
f	s	e	l	p	a	r	t	i	t	o
l	o	a	n	d	a	t	o	m	o	t

PUNTI _____ / 8

2. Completa il testo con la forma verbale corretta tra quelle proposte e scopri il cognome della famosa attrice italiana.

a. È nasciuta [L] | È nata [G]
b. è cresciuta [O] | è crescita [E]
c. Ha iniziato [L] | Ha inizio [M]
d. Ha ottenuto [I] | È ottenuta [A]
e. ha recitto [M] | ha recitato [N]
f. ha vinto [O] | ha vinciuto [E]

Valeria __ __ __ __ __ __
         (a) (b) (c) (d) (e) (f)

a. _____ a Napoli il 22 ottobre 1965, ma b. _____ tra Atene e Napoli.
c. _____ a lavorare ad Atene come modella e successivamente è stata scoperta dalla regista Lina Wertmüller. d. _____ il suo primo ruolo di attrice protagonista nel 1985 con il film *Piccoli fuochi* del regista Peter Del Monte, in quell'anno suo compagno. Da allora e. _____ in molti film, tra cui *Lupo solitario*, *Rain man - L'uomo della pioggia*, *Respiro*, *Puerto Escondido*, *Caos calmo*, *Giulia non esce la sera*, *La kryptonite nella borsa*, *Il capitale umano* e *Il ragazzo invisibile*.
Nel corso della sua carriera di attrice cinematografica f. _____ due David di Donatello, quattro Nastri d'argento, tre Globi d'oro, e tre Ciak d'oro. Inoltre, per due volte è stata premiata con la Coppa Volpi alla migliore attrice nel corso della Mostra internazionale d'arte cinematografica di Venezia: nel 1986 per *Storia d'amore* e nel 2015 per *Per amor vostro*. Nel 2013 ha debuttato nella regia cinematografica con il film *Miele*, presentato al Festival di Cannes nella sezione "Un certain regard".

PUNTI _____ / 6

il passato raccontato con il passato prossimo 1

VERIFICA

3. Completa con il passato prossimo dei verbi indicati.

IL GIORNO IN CUI [io, dire] _____ : **BASTA!**
Un mese fa io e mio marito Michele [lasciare] _____ l'Italia.
[noi, salutare] _____ i nostri genitori, i nostri fratelli, il nipotino e gli amici
e [trasferirsi] _____ in Canada. Perché? Perché [provarci]
_____ in tutti i modi a costruire il nostro futuro in Italia: [sposarsi]
_____ nel paesino vicino a Venezia dove [noi, trovare] _____
lavoro; lo stipendio che ci [loro, offrire] _____ in Italia ci permette
solamente di pagare l'affitto di un piccolo appartamento, di fare la spesa, di pagare le bollette e di
mantenere un'auto e un motorino, che ci servono per andare a lavorare. E se capita il dentista?
Un imprevisto? Un figlio?
Non [noi, emigrare] _____ per la disoccupazione, ma per l'insicurezza del
futuro. Ci ha fatto partire un sistema che non funziona, a meno che uno non abbia ancora alle spalle una
famiglia che lo aiuta economicamente. Brevemente: a Toronto da otto mesi abbiamo ritrovato la voglia di
lavorare, perché ci hanno restituito dignità. Siamo pagati adeguatamente e riusciamo a mettere soldi da
parte a fine mese, a non farci mancare nulla e a sentirci nuovamente padroni del nostro futuro.

[huffingtonpost.it]

PUNTI _____ / 9

4. Completa con il passato prossimo dei verbi indicati.

progettare | essere | lavorare | iniziare | morire | nascere | affermare

Massimo Tamburini _____ il "papà" delle più
belle motociclette italiane degli ultimi 40 anni. _____
prima alla Cagiva, poi alla Ducati e infine alla MV Agusta.
_____ i modelli più famosi delle tre aziende:
le Cagiva da corsa degli anni Ottanta, la Ducati 916 e la MV F4.
Una volta, intervistato da un giornalista, _____:
"Le mie moto devono essere veloci, ma devono essere anche
belle, piacevoli da toccare e da guidare, e devono fare provare
grandi emozioni."
Il famoso designer _____ nel 1943 a Rimini, vicino al
mare, in una numerosa famiglia contadina. _____
a lavorare prima come tecnico termoidraulico e poi come
progettista meccanico. _____ nel 2014.

PUNTI _____ /7

TOTALE PUNTI _____ /30

passato prossimo e imperfetto | ALMA Edizioni

2 il passato raccontato con l'imperfetto

Quando ero piccola non ero molto alta. Avevo i capelli lunghi, lisci e castani. Ero una bambina buona.

Al Colosseo il sole splendeva, c'era una luce fortissima, quasi insopportabile.

Avevamo una gatta che si chiamava Peppina. L'accarezzavo spesso.

Anche l'**imperfetto** si usa per parlare del passato. Serve in particolare a descrivere lo **svolgimento** di un'azione (o di un evento).
Si riferisce ad azioni di **durata indeterminata** in un periodo di tempo non definito nei suoi confini, né nell'inizio né nella fine.
Si usa anche per **azioni ripetute** in momenti non precisati del passato.

L'imperfetto ha **molte funzioni**. Lo usiamo per:

1. **Descrivere** una **situazione** o uno **stato**, un **avvenimento**, un **luogo**, una **persona** dal punto di vista fisico e psicologico.

   In piazza era caldo e umido.
   In pianura nevicava forte, nessuno usciva di casa.
   La casa era gialla con le finestre verdi.
   Giovanna aveva i capelli ricci.

   Attenzione! Possiamo descrivere anche con il **passato prossimo** quando ci riferiamo a un **periodo di tempo ben definito** (vedi p. 58).

   È stato caldo e umido per tutta la domenica.
   In pianura per tre giorni è nevicato forte, nessuno è uscito di casa.
   La casa è stata gialla per molti anni, poi i nuovi proprietari l'hanno dipinta di rosso.
   Giovanna ha portato i capelli legati durante l'adolescenza.

2. Parlare di un'**abitudine** o di un'**azione che avveniva in modo ripetuto**.

   D'estate, i miei figli mangiavano sempre il gelato.
   Purtroppo Giovanna si innamorava sempre dell'uomo sbagliato.

3. Raccontare un **evento in progressione**, senza indicare l'inizio e la fine dell'evento.

   Cantavano quando sono arrivato a casa loro. (= hanno cominciato a cantare prima e non hanno smesso quando sono arrivato)

   • *Perché non hai risposto al telefono?*
   ▪ *Dormivo profondamente.* (= prima, durante e dopo lo squillo del telefono)

   In questo caso l'imperfetto si può sostituire con **stare** + **gerundio**.

   Stavano cantando quando sono arrivato a casa loro.

   • *Perché non hai risposto al telefono?*
   ▪ *Stavo dormendo profondamente.*

il passato raccontato con l'imperfetto 2

4. Raccontare **azioni continue** o **ripetute** di cui non si conosce la fine.

   Osvaldo rincorreva il gatto in giardino. (azione continua)
   I camerieri del ristorante entravano, uscivano, portavano ogni genere di bevanda. (azioni ripetute)

5. Raccontare **azioni parallele** che **si sovrappongono in un periodo di tempo indefinit** , senza un preciso inizio o una precisa fine.

   L'imperfetto è l'unico tempo che può raccontare azioni simultanee nel passato.

   Ero sull'autobus e guardavo sulla mappa la strada che dovevo raggiungere.
   Mentre andava in bicicletta al campo sportivo, Luigi cantava una canzone d'amore.
   Durante il film dei ragazzi parlavano ad alta voce e mangiavano rumorosamente i popcorn.

Per gli usi avanzati dell'imperfetto vedi p. 92.

La formazione dell'imperfetto

L'imperfetto si forma dall'infinito. Le **tre coniugazioni sono molto simili**, sono diverse solo per la **vocale tematica** della desinenza.

VERBI IN:		IMPERFETTO
-are	hanno una **a**	io parl + **a** + vo
-ere	hanno una **e**	io cred + **e** + vo
-ire	hanno una **i**	io part + **i** + vo

VERBI REGOLARI

PRONOME SOGGETTO	PARLARE	CREDERE	PARTIRE
(io)	parl**a**vo	cred**e**vo	part**i**vo
(tu)	parl**a**vi	cred**e**vi	part**i**vi
(lui, lei, Lei)	parl**a**va	cred**e**va	part**i**va
(noi)	parl**a**vamo	cred**e**vamo	part**i**vamo
(voi)	parl**a**vate	cred**e**vate	part**i**vate
(loro)	parl**a**vano	cred**e**vano	part**i**vano

VERBI IRREGOLARI

PRONOME SOGGETTO	ESSERE	FARE	DIRE	BERE
(io)	ero	facevo	dicevo	bevevo
(tu)	eri	facevi	dicevi	bevevi
(lui, lei, Lei)	era	faceva	diceva	beveva
(noi)	eravamo	facevamo	dicevamo	bevevamo
(voi)	eravate	facevate	dicevate	bevevate
(loro)	erano	facevano	dicevano	bevevano

	Verbi in -arre DISTRARRE	Verbi in -orre PROPORRE	Verbi in -urre TRADURRE
(io)	distraevo	proponevo	traducevo
(tu)	distraevi	proponevi	traducevi
(lui, lei, Lei)	distraeva	proponeva	traduceva
(noi)	distraevamo	proponevamo	traducevamo
(voi)	distraevate	proponevate	traducevate
(loro)	distraevano	proponevano	traducevano

passato prossimo e imperfetto | ALMA Edizioni

2 il passato raccontato con l'imperfetto

esercizi

1. Leggi il testo, sottolinea i verbi all'imperfetto, scrivili nella tabella e collegali con l'infinito.   `RICONOSCERE L'IMPERFETTO`

Anna non <u>parlava</u> affatto le prime volte che ci capitava di passare insieme del tempo, non diceva assolutamente nulla, era terribilmente timida...
Io e Anna eravamo allora completamente sconosciuti l'uno per l'altra, e parlavamo poco; io dicevo moltissime parole, lei niente, parlavamo poco tutti e due.
Ci sedevamo spesso dietro la piazza, con le sue amiche, a passare la serata dicendo cose allegre o anche serie; ero fissato con alcuni versi in quel periodo e li ripetevo continuamente.

[E. Palandri, *Boccalone*, Bompiani, Milano 1997]

1.	*parlava*	a.	dire
2.	_____	b.	essere
3.	_____	c.	parlare
4.	_____	d.	dire
5.	_____	e.	capitare
6.	_____	f.	essere
7.	_____	g.	sedersi
8.	_____	h.	parlare
9.	_____	i.	essere
10.	_____	l.	parlare
11.	_____	m.	ripetere

2. Leggi la descrizione di una festa, sottolinea i verbi all'imperfetto, indica l'infinito dei verbi all'imperfetto presenti nel testo e poi rispondi alle domande.   `RICONOSCERE L'IMPERFETTO`

<u>Erano</u> entrambi brilli e soddisfatti, quella sera tiepida di fine maggio, e accoglievano gli ospiti nel giardino o sul terrazzo, l'uno con il bottiglione di vino in mano, l'altro con il vassoio di bicchieri vuoti, da riempire al momento per gli altri e per sé e brindare ai futuri sposi, Franceschina e Donato.
Il vino era aspro e forte, bastavano due bicchieri per stendere i più deboli. I maschi bevevano mangiando taralli, una sorsata e un morso, a un ritmo frenetico. Pure i ragazzi minorenni bevevano con gusto mentre le femmine assaggiavano tanto per gradire e brindare, un dito di vino e basta. E tutti ballavano, giovani, bambini e anziani.

[C. Abbate, *La felicità dell'attesa*, Mondadori, Milano 2015]

☐ stare ☐ accorrere ☐ riempire ☐ accogliere ☐ assaggiare

☐ bastare ☒ essere ☐ essere ☐ brindare ☐ ballare

☐ mangiare ☐ bere ☐ bere ☐ stendere

1. Che cosa festeggiavano?
   a. ☐ Un matrimonio.
   b. ☐ Una laurea.
   c. ☐ Un compleanno.

2. Che stagione era?
   a. ☐ Inverno.
   b. ☐ Estate.
   c. ☐ Primavera.

3. Che cosa bevevano?
   a. ☐ Acqua minerale.
   b. ☐ Birra.
   c. ☐ Vino.

il passato raccontato con l'imperfetto 2

3. Collega le frasi con l'infinito del verbo corrispondente, poi nell'ultima colonna della tabella scrivi le lettere evidenziate e scopri il nome del monte più alto d'Italia. `RICONOSCERE L'IMPERFETTO`

1.	Dopo una lunga fila, i turisti vedeva**n**o finalmente gli affreschi della Cappella Sistina.	a.	sentire	
2.	Per dimagrire corr**e**vo mezz'ora tutti i giorni.	b.	fare	
3.	Dopo il soggiorno in Germania cap**i**vi perfettamente il tedesco.	c.	essere	
4.	Sandro **b**eveva un bicchiere di vino al bar.	d.	credere	
5.	A causa della musica non sentiva**m**o il campanello della porta.	e.	correre	
6.	Spesso ti dav**o** buoni consigli.	f.	bere	
7.	Da piccoli credeva**t**e alle favole.	g.	capire	
8.	Franco perdev**a** le chiavi di casa almeno una volta all'anno.	h.	perdere	
9.	Il sabato sera facev**o** sempre tardi.	i.	vedere	n
10.	Prima di ricevere i regali di Natale i bambini era**n**o molto eccitati.	l.	dire	
11.	Agli inviti di**c**evi sempre di no.	m.	dare	

4. Completa con la vocale tematica (*a, e, i*) corrispondente e scegli il soggetto. `LA VOCALE TEMATICA`

		io	tu	lui | lei | Lei	noi	voi	loro
1.	scendere > scend_e_vo	☒	☐	☐	☐	☐	☐
2.	tenere > ten__va	☐	☐	☐	☐	☐	☐
3.	vietare > viet__va	☐	☐	☐	☐	☐	☐
4.	consigliare > consigli__va	☐	☐	☐	☐	☐	☐
5.	girare > girav__te	☐	☐	☐	☐	☐	☐
6.	voltare > volt__vano	☐	☐	☐	☐	☐	☐
7.	seguire > segu__vano	☐	☐	☐	☐	☐	☐
8.	permettere > permett__vano	☐	☐	☐	☐	☐	☐
9.	finire > fin__vi	☐	☐	☐	☐	☐	☐
10.	partire > part__vi	☐	☐	☐	☐	☐	☐
11.	capitare > capit__vamo	☐	☐	☐	☐	☐	☐
12.	capire > capiv__no	☐	☐	☐	☐	☐	☐
13.	correre > corr__vi	☐	☐	☐	☐	☐	☐
14.	agire > ag__vo	☐	☐	☐	☐	☐	☐
15.	sperare > sper__vate	☐	☐	☐	☐	☐	☐
16.	aprire > apr__va	☐	☐	☐	☐	☐	☐
17.	nuotare > nuot__vamo	☐	☐	☐	☐	☐	☐
18.	scrivere > scriv__vi	☐	☐	☐	☐	☐	☐
19.	contare > cont__vate	☐	☐	☐	☐	☐	☐
20.	bastare > bast__vano	☐	☐	☐	☐	☐	☐
21.	girare > gir__va	☐	☐	☐	☐	☐	☐
22.	spendere > spend__vo	☐	☐	☐	☐	☐	☐

passato prossimo e imperfetto | ALMA Edizioni

2 il passato raccontato con l'imperfetto

5. Completa il cruciverba con i verbi all'imperfetto. GIOCARE CON L'IMPERFETTO

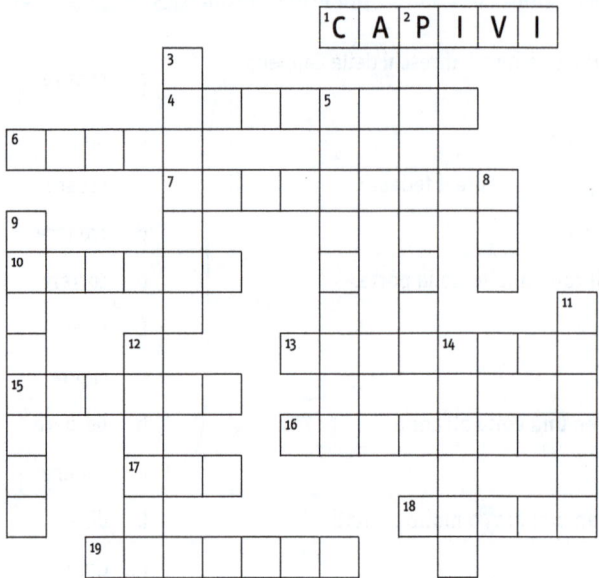

ORIZZONTALI
1. *capire*, tu
4. *bere*, loro
6. *avere*, tu
7. *trovare*, voi
10. *andare*, tu
13. *sapere*, loro
15. *volere*, io
16. *potere*, voi
17. *essere*, io
18. *avere*, lui
19. *tornare*, lei

VERTICALI
2. *pensare*, voi
3. *abitare*, lui
5. *viaggiare*, io
8. *essere*, tu
9. *fare*, noi
11. *dovere*, lei
12. *vedere*, io
14. *vivere*, tu

6. Completa le frasi usando *mentre* + imperfetto al posto di *durante* + nome. MENTRE + IMPERFETTO

1. Durante la salita al monte Fumaiolo, Gianni e Fernanda si fermavano spesso a bere acqua fresca.
   Mentre salivano al monte Fumaiolo, Gianni e Fernanda si fermavano spesso a bere acqua fresca.
2. Durante la visita di Firenze, Matteo scattava molte foto ai monumenti più belli.
   _____ Firenze, Matteo scattava molte foto ai monumenti più belli.
3. Durante il volo verso la Francia, Anna leggeva la guida turistica di Parigi.
   _____ verso la Francia, Anna leggeva la guida turistica di Parigi.
4. Durante il lavoro, eravate estremamente concentrati.
   _____, eravate estremamente concentrati.
5. Durante la cena al ristorante giapponese, facevamo programmi per le vacanze estive.
   _____ al ristorante giapponese, facevamo programmi per le vacanze estive.
6. Durante la festa di laurea, cantavate in continuazione canzoni divertenti.
   _____ la laurea, cantavate in continuazione canzoni divertenti.
7. Durante l'attesa dell'imbarco del volo per Ginevra, Isabella controllava la posta elettronica sul suo smartphone.
   _____ l'imbarco del volo per Ginevra, Isabella controllava la posta elettronica sul suo smartphone.
8. Durante la scrittura del tema, mi sembravi molto calmo.
   _____ il tema, mi sembravi molto calmo.
9. Durante la partenza, i due ragazzi salutavano i genitori dal finestrino del treno.
   _____, i due ragazzi salutavano i genitori dal finestrino del treno.
10. Durante la lettura del giornale, tuo padre ci chiedeva sempre di fare silenzio.
    _____, tuo padre ci chiedeva sempre di fare silenzio.
11. Durante la nevicata, giocavamo in giardino.
    _____, giocavamo in giardino.
12. Durante la salita al quarto piano, l'ascensore si è bloccato.
    _____ al quarto piano, l'ascensore si è bloccato.

il passato raccontato con l'imperfetto 2

7. Marta è cambiata nel corso del tempo. Leggi cosa dice di lei una sua amica. Completa le frasi della seconda colonna con l'imperfetto dei verbi usati nelle frasi della prima colonna.

DAL PRESENTE ALL'IMPERFETTO

1a.	Marta è magra e porta sempre abiti eleganti.	1b.	Da giovane Marta ___era___ grassottella e ___portava___ solo abiti sportivi.
2a.	Marta vive a Verona e lavora in una panetteria.	2b.	Marta _____ a Venezia e _____ in un supermercato.
3a.	Non ci vediamo molto spesso: ci incontriamo soltanto una volta al mese.	3b.	Da piccole _____ tutti i giorni a scuola e _____ quasi ogni pomeriggio al parco.
4a.	Marta porta i capelli corti e indossa abiti scuri.	4b.	Marta _____ i capelli lunghi e _____ abiti colorati.
5a.	Marta è molto seria, mentre io rido molto spesso.	5b.	Marta _____ molto allegra, mentre io _____ raramente.
6a.	I nostri amici spagnoli ci scrivono di tanto in tanto e non vengono mai a trovarci.	6b.	I nostri amici spagnoli ci _____ ogni settimana e _____ a trovarci tutti gli anni per le vacanze di Natale.
7a.	A Marta piacciono le serie tv e passa tutte le sere a guardarle.	7b.	A Marta _____ i giochi di società e _____ i fine settimana a giocare.
8a.	I suoi figli si chiamano Massimo e Carlotta.	8b.	I suoi nonni paterni _____ Ersilio e Elide.
9a.	Marta va in vacanza in Liguria, al mare, tutte le estati.	9b.	Marta _____ in campeggio in Trentino ogni agosto.
10a.	Oggi voglio molto bene a Marta e lei vuole bene a me.	10b.	Anche da piccole io _____ molto bene a Marta e lei _____ bene a me.

8. Completa le frasi con l'imperfetto dei verbi indicati. **GLI IMPERFETTI IRREGOLARI**

1. Negli anni Ottanta la FIAT [*produrre*] ___produceva___ quattro milioni di automobili all'anno.
2. Qualche anno fa sono stato a Vinitaly, un'importante fiera del vino che si tiene a Verona. Molti vinicoltori [*esporre*] _____ le loro bottiglie più pregiate. È stata una bella esperienza!
3. Alla fine di ogni allenamento ricordo che tu [*bere*] _____ almeno un litro e mezzo di acqua.
4. Durante la lezione di microbiologia, tu e Vittorio ci [*distrarre*] _____ con i vostri scherzi.
5. Da piccolo, in spiaggia, [io, *fare*] _____ grandi castelli di sabbia.
6. In primavera, la domenica, [noi, *essere*] _____ sempre contenti di fare un picnic al parco.
7. Quando venivano gli zii a pranzo, io e Francesca [*disporre*] _____ le posate sul tavolo con molta attenzione.
8. Alan non si trovava bene a vivere a Milano e [*dire*] _____ continuamente che voleva andarsene al più presto. Alla fine è andato a vivere a Roma.

2 il passato raccontato con l'imperfetto

9. Completa con l'imperfetto dei verbi indicati alla prima persona singolare (io).
DESCRIVERE E RACCONTARE L'INFANZIA

Quando [io, *essere*] ___ero___ piccola [*avere*] _____ i capelli biondi. [*essere*] _____ molto magra, anche se [*mangiare*] _____ molto. [*sentirsi*] _____ sempre felice: [*vedere*] _____ tutti i giorni le mie amiche e insieme a loro [*giocare*] _____, [*cantare*] _____ e a volte [*discutere*] _____. Per le vacanze [*partire*] _____ con la mia famiglia per il campeggio con un camper molto spazioso. [*portare*] _____ con me anche un gatto di nome Nerone.

10. Trasforma il racconto dell'esercizio precedente alla seconda (tu) e alla terza (lei) persona singolare.
DESCRIVERE E RACCONTARE L'INFANZIA

Quando eri piccola _____
_____
_____
_____

Quando era piccola _____
_____
_____
_____

11. Completa con l'imperfetto dei verbi indicati alla prima persona plurale (noi).
DESCRIVERE E RACCONTARE L'INFANZIA

Quando [noi, *essere*] ___eravamo___ piccole, io e mia sorella [*stare*] _____ sempre insieme. Di mattina [noi, *andare*] _____ a scuola e quando [*finire*] _____ le lezioni [*tornare*] _____ a casa. [*vivere*] _____ vicino al mare, così, dopo pranzo, [*mettere*] _____ dei vestiti comodi e [*correre*] _____ fino alla spiaggia a giocare. A volte [noi, *prendere*] _____ le biciclette e [*andare*] _____ al porto. [noi, *divertirsi*] _____ un mondo!

12. Trasforma il racconto dell'esercizio precedente alla seconda (voi) e alla terza (loro) persona plurale.
DESCRIVERE E RACCONTARE L'INFANZIA

Quando eravate piccole tu e tua sorella _____
_____
_____
_____

Quando erano piccole lei e sua sorella _____
_____
_____
_____

il passato raccontato con l'imperfetto 2

13. Sottolinea il verbo corretto. `RACCONTARE UN VIAGGIO`

1. Quando io e la mia famiglia *andavate* | *andavamo* in estate in Sicilia, *facevo* | *faceva* sempre caldo.
2. Tutti gli anni, a primavera, Carla e Francesco *prendevamo* | *prendevano* l'aereo e *passavano* | *passavo* una settimana a Parigi.
3. Quando Luisa non *avevo* | *aveva* la patente, *prendevi* | *prendeva* l'autobus tutti i giorni per andare al lavoro: ci *mettevi* | *metteva* mezz'ora in più.
4. I miei nonni *volevo* | *volevano* sempre andare in Sardegna in traghetto, perché a loro *piacevo* | *piaceva* molto più dell'aereo.
5. In montagna Giulia *passeggiava* | *passeggiavamo* d'estate e *sciavi* | *sciava* d'inverno.
6. Durante il nostro soggiorno a Canazei, *nevicavo* | *nevicava* spesso; io allora *restavo* | *restavi* in casa con mia cugina Ilaria e insieme *leggevano* | *leggevamo* davanti al camino acceso.

14. Completa la descrizione con le parole indicate e con l'imperfetto dei verbi proposti.
`DESCRIVERE GLI AMBIENTI`

scala | tavolo | stanze | muri

Casa dolce casa

La mia [essere] ____era____ in un paesino vicino a Venezia. [essere] _____ una casetta stretta e alta, con i __muri__ bianchi e le finestre rosse. [essere] _____ una casa piccola: [avere] _____ solo tre _____ . Ci [io, abitare] _____ con mia mamma e mio papà. All'esterno, la casa [apparire] _____ graziosa e ben curata. Mia mamma [adorare] _____ i fiori e sul balcone [tenere] _____ vasi pieni di piante. All'interno, una piccola _____ di legno [portare] _____ dall'ingresso direttamente in cucina e da lì un'altra scala [salire] _____ fino al piano superiore dove [esserci] _____ le camere da letto e la sala da pranzo. Al centro della sala [trovarsi] _____ un bel _____ di legno che [noi, usare] _____ per mangiare. Dalle finestre della mia camera [io, vedere] _____ il giardino della casa accanto dove [trovarsi] _____ degli alberi molto alti.

15. Com'era? Leggi com'è oggi Paolo e descrivi com'era da ragazzo aiutandoti con le parole indicate e usando i verbi all'imperfetto. `DESCRIVERE UNA PERSONA`

Oggi Paolo è un uomo alto e magro, porta grandi occhiali da vista e indossa sempre una camicia a righe e dei jeans. Usa scarpe di cuoio e ha spesso una valigetta con sé. È educato e silenzioso. Vive insieme alla moglie, Claudia, e ai figli, Giacomo ed Emanuele.

basso e robusto | allegro e vivace | T-shirt e pantaloncini corti | scarpe sportive
capelli corti | i suoi genitori, Alberto e Fabiana

Da ragazzo, Paolo _____
_____
_____
_____
_____
_____

2 il passato raccontato con l'imperfetto

16. Lo sapevi che... Scegli il verbo corretto e completa con l'imperfetto.

`RACCONTARE PERSONAGGI DEL PASSATO`

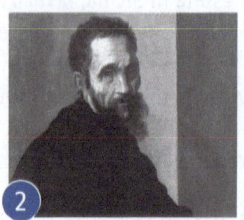
Leonardo da Vinci (1452-1529), ingegnere, pittore e scienziato italiano

Michelangelo (1475-1564), scultore, pittoore, architetto e poeta

Dante Alighieri (1265-1321), poeta, scrittore e politico italiano

Ariosto (1474-1533), poeta e commediografo italiano

Goffredo Mameli (1827-1849), poeta, patriota, scrittore italiano

Totò (1898-1967), attore, drammaturgo, poeta, paroliere, cantante napoletano

Giacomo Leopardi (1798-1837), poeta, filosofo, scrittore, filologo

Caravaggio (1571-1610), pittore e rappresentante del barocco italiano

1. Leonardo da Vinci [*avere* | *essere* | *stare*] _____era_____ vegetariano.
2. Quando Michelangelo ha scolpito il David [*abitare* | *vivere* | *avere*] _____ circa 25 anni.
3. In 12 anni, dal 1308 al 1320, Dante Alighieri ha scritto la *Divina Commedia*. In quel momento [*scrivere* | *vivere* | *leggere*] _____ in esilio.
4. "Cosa [*andare* | *vedere* | *venire*] _____ Ariosto quando chiudeva gli occhi" è il titolo di una mostra.
5. Il titolo originale dell'inno d'Italia, scritto da Goffredo Mameli, non [*essere* | *sapere* | *chiamarsi*] _____ *Fratelli d'Italia* ma *Il canto degli italiani*.
6. Martedì 15 febbraio 1898 è nato Antonio de Curtis, in arte "Totò, il principe della risata". Sua madre [*avere* | *diventare* | *morire*] _____ appena 17 anni.
7. A volte Giacomo Leopardi [*pranzare* | *fare* | *cenare*] _____ colazione nel pomeriggio e [*pranzare* | *fare* | *dormire*] _____ anche a mezzanotte.
8. Caravaggio [*dipingeva* | *morire* | *nascere*] _____ con l'aiuto delle lucciole.

17. Com'è cambiata Piazza del Plebiscito a Napoli? Descrivi com'era nel passato aiutandoti con le foto e usando i verbi all'imperfetto.

`DESCRIVERE I LUOGHI`

OGGI

NEL PASSATO

il passato raccontato con l'imperfetto 2

18. Un'intervista sulla vita da studente. Leggi le risposte e immagina le domande aiutandoti con i verbi indicati.

RACCONTARE LE ABITUDINI NEL PASSATO

1. • [*frequentare*] *Che scuola frequentavi?*
   ■ Facevo il Liceo.
2. • [*andare*] _____
   ■ La mattina andavo a scuola in autobus.
3. • [*arrivare*] _____
   ■ L'autobus arrivava tutti i giorni puntuale alle 7 e mezza.
4. • [*metterci*] _____
   ■ Di solito ci metteva 20 minuti.
5. • [*scendere*] _____
   ■ Scendevo alla fermata di fronte alla scuola.
6. • [*iniziare*] _____
   ■ Le lezioni iniziavano sempre alle 8:00.
7. • [*fare*] _____
   ■ Tutti i pomeriggi dopo la scuola, facevo i compiti.
8. • [*mangiare*] _____
   ■ Mangiavo sempre al ristorante.
9. • [*guardare*] _____
   ■ Dopo cena guardavo spesso un film alla tv.
10. • [*andare*] _____
    ■ La sera andavo a letto alle 10:00.

19. Collega domande e risposte dell'intervista a un adulto, Francesco, che racconta le sue vacanze da bambino.

RACCONTARE LE VACANZE

	GIORNALISTA		FRANCESCO
1.	• Buongiorno Francesco, ci racconta dove andava in vacanza da bambino?	a.	■ Eravamo io, i miei genitori e mio fratello Riccardo.
2.	• E con chi andava in vacanza a Ostia?	b.	■ No, non andavamo in treno. Mio padre ci portava con la sua Fiat Uno rossa che funzionava poco e faceva fatica a partire. Stavamo stretti stretti in macchina.
3.	• Eravate in quattro... e come ci andavate? In macchina? In treno?	c.	■ Andavo a Ostia, una piccola località di mare vicino a Roma.
4.	• E lei in macchina con la sua famiglia, lo portava il pallone da calcio?	d.	■ Le cose che mi piacevano di più erano fare il bagno e mangiare il gelato tutti i giorni.
5.	• Ma, a parte giocare a calcio, che cosa le piaceva di quelle vacanze?	e.	■ Certo! Il pallone me lo portavo e ci giocavo sempre in spiaggia, me lo portavo anche a letto! Con mio fratello facevamo delle partite con gli altri ragazzi e usavamo le nostre magliette per fare le porte.

passato prossimo e imperfetto | ALMA Edizioni

2 il passato raccontato con l'imperfetto

20. Collega domande e risposte e completa con le parole indicate. **RACCONTARE LE ABITUDINI FAMILIARI**

che cosa (x 3) | perché | chi | con chi | dove (x 2) | come | di che cosa | quale (x 2)

1. _Che cosa_ facevi da bambino?	a. Perché ero stonato. Invece la musica mi metteva allegria.
2. _____ ti piaceva? E _____ non ti piaceva?	b. Parlavo delle maestre, dei compiti, delle materie, soprattutto della matematica, perché non andavo bene a scuola!
3. _____ non ti piaceva?	c. Mio padre e mia madre non avevano mai tempo per me; i miei fratelli invece erano deliziosi.
4. _____ andavi a giocare dopo la scuola?	d. L'estate, perché faceva caldo e c'era il sole.
5. _____ era la tua famiglia?	e. Da bambino non facevo molto: giocavo, ballavo e non avevo pensieri!
6. _____ parlavi con i tuoi genitori?	f. Non andavo in vacanza perché i miei erano troppo poveri.
7. _____ era la tua stagione preferita? Perché?	g. Andavo a giocare in piazza o al parco vicino a casa.
8. _____ andavi in vacanza d'estate?	h. Mi piaceva la musica ma non mi piaceva per niente cantare.
9. _____ era il tuo colore preferito?	i. Con due miei compagni di classe. Dopo pranzo venivano sempre a casa con i libri di scuola. Ci mettevamo a studiare almeno un paio d'ore tutti i giorni.
10. _____ facevi i compiti il pomeriggio?	l. Mia madre si occupava di sparecchiare e mio padre lavava i piatti molto contento di farlo... e così abbiamo comprato una lavastoviglie!
11. _____ lavava i piatti dopo cena?	m. Il colore che mi piaceva di più era il blu, ed è così anche adesso!

21. Collega le due colonne. **RACCONTARE UN EVENTO IN PROGRESSIONE**

1. Perché non sei uscito subito quando ho suonato il campanello?	a. Perché stavamo facendo colazione e non ci siamo accorte che erano già le 9.
2. Che cosa facevano i bambini nel parco?	b. abbiamo incontrato mio cugino.
3. Perché siete arrivate in ritardo alla prima lezione di musica?	c. Stavamo ancora pensando a cosa scriverti.
4. Quando mi stavo addormentando	d. Perché mi stavo ancora vestendo.
5. Quando stavamo andando in bici	e. ma mi ha detto che stava ancora lavorando.
6. Stava cercando una farmacia aperta già da un'ora	f. quando il direttore li ha chiamati nel suo ufficio e li ha rimproverati.
7. Ho pensato di invitarla a cena	g. Stavano giocando.
8. Perché non avete risposto subito alla mail?	h. quando si è tagliata un dito.
9. Veronica stava affettando il pane	i. il gatto è saltato sul letto.
10. Non stavano facendo nulla di male	l. ma tutte quelle che vedeva erano chiuse.

il passato raccontato con l'imperfetto 2

22. Riscrivi le frasi con la forma *stare* + gerundio.
RACCONTARE UN EVENTO IN PROGRESSIONE

1. Proprio mentre arrivava il treno, Luca si è accorto che non aveva il biglietto.
   Proprio mentre stava arrivando il treno, Luca si è accorto che non aveva il biglietto
2. L'incidente è avvenuto mentre nevicava: non si vedeva niente.

3. • Hai parlato con Gino? ■ No, riposava e non ho voluto disturbarlo.

4. • Hai sentito la conferenza del Prof. Pini? ■ No, lavoravo in negozio.

5. • Rino è venuto a nuotare con voi? ■ No, quando è arrivato pioveva e così abbiamo rinunciato.

23. Riscrivi le frasi con la forma *stare* + gerundio, quando è possibile.
RACCONTARE UN EVENTO IN PROGRESSIONE

1. Bruno viaggiava sempre in treno, detestava la macchina.
   (non è possibile riscrivere la frase)
2. Lavoravano a Venezia quando si sono incontrati.
   Stavano lavorando a Venezia quando si sono incontrati.
3. Attraversavo il parco in bicicletta quando ho perso il portafoglio.

4. Carlo mangiava un panino quando un dente si è rotto.

5. Mentre si faceva la barba, è andata via la luce.

6. Quando uscivo con Simone, tornavo a casa sempre tardi.

7. Giovanni era un tipo taciturno, parlava poco di sé.

24. Che cosa succedeva quando... Collega le due frasi e completa con l'imperfetto dei verbi. Poi riscrivi le frasi usando *stare* + gerundio.
RACCONTARE UN EVENTO IN PROGRESSIONE

1.	Mario ha aperto la porta dell'ambulatorio	a.	quando le auto [*attraversare*] _____ ancora l'incrocio.
2.	Il teatro ha esaurito i biglietti	b.	[*io, fare*] _____ la spesa al mercato e ho fatto tardi.
3.	Il semaforo è diventato rosso improvvisamente	c.	anche se molti spettatori [*attendere*] _____ ancora in fila per comprarli.
4.	Perché non sei tornato a casa?	d.	mentre [*noi, stendere*] _____ il bucato in terrazzo: non l'abbiamo sentita!
5.	Matilde ci ha chiamato	e.	mentre il medico [*visitare*] *visitava* un altro paziente.

1. *Mario ha aperto la porta dell'ambulatorio mentre il medico stava visitando un altro paziente.*
2.
3.
4.
5.

2   il passato raccontato con l'imperfetto

25. Sottolinea il verbo corretto.

RACCONTARE AZIONI CONTINUE E RIPETUTE

1. Alla maratona di New York gli atleti <u>correvano</u> | scrivevano | si addormentavano e mangiavano | <u>bevevano</u> | ricordavano litri d'acqua.
2. Il vento pioveva | tirava | nevicava forte nelle notti più fredde e i cani studiavano | abbaiavano | leggevano.
3. I meccanici scendevano | trovavano | riparavano la macchina poi mettevano | riempivano | gonfiavano le gomme e uscivano | pulivano | controllavano l'olio.

4. Per la cena, Sara era sempre molto indaffarata: metteva | cucinava | baciava l'arrosto, beveva | versava | preparava l'insalata e apparecchiava | beveva | faceva la tavola.
5. Il barista preparava | buttava | rompeva i cocktail e li beveva | mangiava | serviva a tutti gli invitati.
6. Gli attori abbracciavano | imparavano | urlavano il copione, recitavano | giocavano | lavoravano la commedia e salutavano | mangiavano | raccoglievano tutti gli applausi del pubblico.
7. Il fiume andava | scorreva | vedeva verso il mare e, nella campagna, gli uccellini scrivevano | cinguettavano | miagolavano.
8. La polizia minacciava | guidava | inseguiva i ladri che bloccavano | fuggivano | vendevano.
9. Le rondini tutte le mattine cantavano | studiavano | cucinavano sui rami e poi piangevano | ridevano | volavano via.
10. Gli studenti ogni giorno entravano | uscivano | lavoravano a scuola alle 8:00, poi studiavano | parcheggiavano | guidavano e infine uscivano | saltavano | tornavano a casa.

26. Metti in ordine le frasi per ricostruire il racconto della spesa di Giovanna.

RACCONTARE AZIONI PARALLELE

☐ Che figuraccia! Non ce ne eravamo accorti!
☐ Ero con Ugo e mentre lui sceglieva cosa comprare, io telefonavo a Giulia per decidere se comprare carne o pesce.
☐ che si arrabbiava moltissimo, lo insultava
☐ Giulia mi ripeteva di comprare solo salmone e si raccomandava di chiedere la ricetta al commesso.
☐ 1   Ero al supermercato e guardavo la lista della spesa.
☐ e gli faceva notare che era arrivata prima di noi.
☐ Durante la telefonata, alcuni bambini urlavano e correvano per le corsie e così non sentivo bene cosa diceva Giulia. Allora ho interrotto la telefonata e ho domandato al commesso.
☐ Ma, mentre io parlavo con il commesso, Ugo sorpassava una signora in fila

il passato raccontato con l'imperfetto 2

27. *BlaBlaCar* permette di dare e ricevere passaggi in automobile. Leo ha fatto un viaggio da Napoli a Venezia e ha dato un passaggio ad alcune persone. Riordina le frasi del suo racconto e individua le persone scrivendo il loro nome nel disegno. `RACCONTARE EVENTI PARALLELI NEL PASSATO`

Un viaggio in automobile

Ero di ritorno a Venezia dopo le vacanze a Napoli.

1. viaggiavo da solo | invece | ero sempre in compagnia, | Negli altri viaggi | questa volta

   Negli altri viaggi ero sempre in compagnia, questa volta invece viaggiavo da solo.

   Così ho inserito l'annuncio su *BlaBlaCar* e a Napoli ho caricato nella mia automobile due ragazze.

2. l'altra, Marta, dormiva profondamente | di "chef vegana" | del suo lavoro | Mentre una, Flavia, mi raccontava

3. pieni di speranze | sono saliti | che tornavano da Cinecittà | sulla mia spider | A Roma | altri due ragazzi

4. e girava l'Italia | che si chiamava Miguel | con la sua chitarra | Il primo era | un ragazzo messicano | per suonare in alcuni festival

5. L'altra | che portava dei grandi | molta voglia di parlare | era la sua fidanzata, Sonia, | e non aveva | occhiali da sole

Quando mi sono iscritto a *BlaBlaCar* avevo timore, invece era tutto vero: puoi dare passaggi e conoscere nuove persone, ma viaggi sempre con la tua auto. Mi è piaciuto!

2 il passato raccontato con l'imperfetto

28. Leo va dal medico perché nei giorni scorsi non è stato bene. Riordina il dialogo.

L'IMPERFETTO... DAL DOTTORE

- [ ] **DOTTORE:** • E la gola? Le bruciava? La testa le girava?
- [ ] **DOTTORE:** • Qual era il problema? Che sintomi aveva?
- [ ] **LEO:** ■ Sì, ha ragione. Speravo di stare meglio solo con il riposo.
- [ ] **LEO:** ■ Non bene, ma fino a tre giorni fa stavo anche peggio.
- [ ] **LEO:** ■ No, la gola non mi bruciava, ma la testa sì, girava parecchio. Dovevo anche andare all'estero per lavoro, ma alla fine sono rimasto a casa.
- [ ] **DOTTORE:** • Doveva chiamarmi subito! Adesso devo darle un antibiotico molto pesante.
- [1] **DOTTORE:** • Buongiorno, come sta?
- [ ] **LEO:** ■ Avevo mal di testa, gli occhi lacrimavano, mi sentivo debole, ero confuso, e dovevo stare a letto. Non riuscivo a stare in piedi.

29. Completa con l'imperfetto dei verbi indicati.

L'IMPERFETTO NEL DIARIO

Il diario di Sofia

All'età di cinque anni, [io, *essere*] ___ero___ magra e timida con gli sconosciuti che [*venire*] _____ a casa a trovare i miei genitori. Appena [loro, *entrare*] _____, [io, *correre*] _____ fuori con mio fratello e i miei cugini. Quando [*avere*] _____ otto anni la mia famiglia e io ci siamo traferiti da Palermo a Torino. Da piccola mi [*piacere*] _____ giocare con i giocattoli dei miei cugini e [*ballare*] _____ con mia mamma a casa nostra in segreto. Mi [*piacere*] _____ leggere molto mentre [*imparare*] _____ a parlare e a scrivere la lingua italiana.

30. Una bambina di nome Anna intervista la nonna sulla sua vita di tanti anni fa. Completa con le domande indicate.

L'IMPERFETTO NELL'INTERVISTA INFORMALE

la scuola ti piaceva? | Era molto distante? | Voi due stavate sempre insieme? | Come arrivavi a scuola? | ~~Quanti maestri avevi per ogni materia?~~ | Quanti libri avevi? | Qual era la tua materia preferita? | con che cosa scrivevi? | lui voleva andarci? | Era difficile usare la penna e il calamaio?

ANNA: • Ciao nonna, posso farti alcune domande sulla scuola ai tuoi tempi?
NONNA: ■ Certo...
• Fino a che età hai frequentato la scuola?
■ Fino alla 5ª elementare, volevo continuare gli studi però non è stato possibile perché non avevamo abbastanza soldi.
• *Quanti maestri avevi per ogni materia?*
■ Ne avevo solo uno per tutte le materie fino alla 3ª elementare.
• _____ E perché?
■ La mia materia preferita era la storia, perché mi piaceva conoscere il passato.
• In generale, _____
■ Sì, infatti il mio sogno era quello di diventare una maestra.
• _____
■ Andavo a piedi.

• _____
■ No, non era molto lontana.
• _____
■ Avevo due libri: uno per storia, geografia e italiano e l'altro per matematica.
• Un'ultima domanda: _____
■ Con la penna con il calamaio per l'inchiostro.
• _____
■ Sì, era molto difficile perché dovevi stare molto attento a non sporcare il foglio e a non rovinarlo, però col tempo mi sono abituata.
• E Osvaldo?
■ Quando andavamo a scuola sì, ma poi lui è emigrato in America con la sua famiglia.
• E _____
■ No, lui non voleva, ma ha dovuto. C'era tanta povertà e le persone avevano bisogno di un lavoro.

il passato raccontato con l'imperfetto 2

31. Completa con i verbi indicati. — L'IMPERFETTO NELL'INTERVISTA GIORNALISTICA

prendevano | confrontavano | ~~avevo~~ | vedevo | andavo | aveva | cominciavamo | riconosceva | divertivamo
volevamo | usavano | piacevano | arrestavano | davano

TRAIN BOMBING

Il *train bombing*, ovvero fare i graffiti sui treni, è un'attività illegale che può costare multe e giorni di prigione, a seconda del paese e dei precedenti penali del writer. Ce lo siamo fatti spiegare da un anonimo *train bomber* italiano.

- Qual è stato il tuo primo graffito su un treno?
- _Avevo_ 16 anni ed ero in vacanza con i miei in Puglia. Mi _____ già da un po' di tempo i graffiti, per esempio quelli che _____ sui muri dei bagni a scuola. Una sera mi sono inventato una scusa, sono andato alla stazione e ho fatto il mio primo graffito "per sfogarmi". L'ho fatto su un vecchio treno. Avevo comprato tre colori in una ferramenta: nero, giallo, rosso.
- Quanti graffiti sui treni hai fatto dopo quello?
- Tanti, ogni volta che si presentava la possibilità: di notte, _____ in stazione con i miei amici e, insieme, _____ a cercare il treno giusto su cui fare i nostri graffiti. Ci _____ così. Oltre all'adrenalina _____ collezionare quanti più treni possibile.

- Si tratta di un'attività illegale: hai mai avuto problemi con la polizia?
- Be', le mie azioni sono state sempre ben studiate e non mi è mai capitato di essere arrestato dalla polizia. Fino a qualche anno fa le forze dell'ordine _____ tecniche sofisticate per catturare noi *writers*, soprattutto all'estero: a Berlino la polizia _____ dei sensori olfattivi nei tunnel ferroviari per segnalare l'uso della bomboletta spray. In Olanda un software _____ lo stile dei graffiti e se ti _____ la seconda volta ti _____ una multa più alta. In Francia ti _____ le impronte digitali e le _____ con quelle trovate sulle bombolette abbandonate.

[vice.com]

32. Completa il testo con l'imperfetto dei verbi indicati. — L'IMPERFETTO NELLA CRONACA

trasportare | sembrare | partire | stare | ~~esserci~~ | arrivare | navigare

INCIDENTE AL PORTO DI TRAPANI

Ieri mattina a Trapani c'è stato un incidente tra due barche a vela che si sono scontrate a pochi metri dal porto.

Ieri mattina non _c'erano_ nuvole nel cielo di Trapani e al porto tutto _____ tranquillo come ogni altro giorno: i pescherecci _____ in porto dopo la notte di pesca in mare, mentre gli aliscafi _____ dal porto e _____ i molti turisti in vacanza alle isole Egadi. All'improvviso si è scatenata una tremenda tempesta con venti forti e onde violente che hanno spinto una barca a vela che _____ verso costa contro un'altra che _____ uscendo dal porto. Lo scontro tra le due barche ha causato alcuni danni agli scafi, ma nessuno degli equipaggi si è fatto male.

un passo in più: l'imperfetto in differenti tipi di testo

2 il passato raccontato con l'imperfetto

33. Venezia, Roma, Firenze, Torino e Milano. Scopri le bellezze che offrono come in una piccola guida turistica. Svolgi le attività.

L'IMPERFETTO NELLE DESCRIZIONI TURISTICHE E DI VIAGGIO

a. Completa con l'imperfetto dei verbi indicati.

> Ciao! Io e Mark andiamo a **VENEZIA**.
> Tu che cosa facevi quando abitavi là?

Ciao ragazzi, io ho abitato a Venezia per dieci anni.
Bellissima! A febbraio per il carnevale e a settembre per la Mostra del cinema [arrivare] ____arrivava____ molta gente in città; dalla primavera all'autunno, invece, da tutto il mondo le persone [venire] _____ per la Biennale d'arte.
Venezia è sempre piena di turisti! [io, passare] _____ le mie giornate al Guggenheim perché [lavorare] _____ là. [abitare] _____ lì vicino quindi la mattina [andare] _____ al lavoro a piedi, non [prendere] _____ mai il vaporetto.
Dopo il lavoro [bere] _____ uno spritz con gli amici in un'osteria vicino al Ponte dei sospiri, e poi [tornare] _____ a casa a piedi.

b. Sottolinea il verbo giusto tra i due proposti e completa il testo con l'imperfetto.

> Partiamo per **ROMA**! I romani sono simpatici? Com'erano con te?

Ci sono stata per lavoro per alcuni anni e mi sono trovata benissimo.
Ho conosciuto molti romani e alcuni sono diventati miei grandi amici in quegli anni: mi piacevano perché [passeggiare | <u>essere</u>]
____erano____ simpaticissimi! [essere | andare] _____ aperti e amichevoli, [bere | avere] _____ un accento particolare, la tipica parlata romana! [parlare | venire] _____ velocemente e [essere | abitare] _____ molto sinceri da subito, e veloci di pensiero.
All'inizio [io, vivere | pensare] _____ di non capire bene quello che [loro, dire | parlare] _____ perché erano molto ironici.
[visitare | essere] _____ facile fare amicizia, a Roma non ero mai sola. E mi [loro, piacere | amare] _____ perché [vestirsi | incontrarsi] _____ tutti in modo elegante!

il passato raccontato con l'imperfetto 2

un passo in più: l'imperfetto in differenti tipi di testo

c. Sottolinea il verbo giusto tra i tre proposti e completa il testo con l'imperfetto.

> Voi siete già stati a **FIRENZE**, vero?
> Di solito che cosa mangiavate? E dove andavate?

> Sì, ci siamo stati alcuni anni fa. A Firenze ci sono tante osterie e trattorie dove mangiare ma noi [*andare* | *avere* | *preparare*] _andavamo_ sempre nelle stesse perché [loro, *bere* | *cucinare* | *parlare*] _____ benissimo e l'arredamento era caldo e tipico, [*sembrare* | *passeggiare* | *dire*] _____ di stare a casa: proprio come nelle fotografie che [noi, *guardare* | *spendere* | *pagare*] _____ prima di partire! Ogni giorno [noi, *lavorare* | *bere* | *mangiare*] _____ baccalà con i ceci, pappa al pomodoro, minestrone di riso e cavolo, pere cotte in forno e nel vino. I proprietari [*uscire* | *entrare* | *andare*] _____ a fare la spesa al mercato di San Lorenzo e [*preparare* | *vivere* | *lavare*] _____ i piatti al momento. Non si poteva pagare col bancomat ma [noi, *prenotare* | *parlare* | *spendere*] _____ poco, per questo [*esserci* | *avere* | *chiedere*] _____ sempre con noi soldi in contanti!

d. Completa il testo con i verbi indicati.

> viaggiavamo | visitavamo | compravamo | incontravamo | trovavamo | guardavamo
> bevevamo | ~~andavamo~~ | passeggiavamo | salivamo

> **TORINO**! Partiamo domani. Sono belle anche le zone vicine? Com'era il paesaggio quando ci siete andati voi?

Torino

> Bellissima Italia! Torino è stupenda ma anche i paesaggi vicini lo sono. Le strade del vino, una meraviglia! _Andavamo_ in giro per le dolci e verdi colline dove _____ cibo tipico: formaggio, tartufo, cioccolato e vino!
> Di solito noi _____ in macchina la mattina e _____ in libertà, non _____ la cartina, e così _____ ville, giardini, castelli arroccati[1], vigneti, borghi[2] antichi. _____ i castelli, _____ per i borghi, _____ prodotti tipici e _____ ottimo vino nelle cantine[3].

> [1] **arroccati**: costruiti come riparo e protezione.
> [2] **borghi**: paesini che avevano un mercato e una fortificazione, di solito delle mura per difendersi dai nemici.
> [3] **cantine**: luogo dove si produce e si conserva il vino. Di solito sono anche aziende agricole.

e. Completa il testo con l'imperfetto dei verbi indicati.

> indossare | rinfrescare | sembrare | dire | esserci | scendere | piovere | ~~fare~~ | amare | riscaldare

> Andiamo a **MILANO** ma il meteo dice che pioverà!
> Com'era il tempo quando ci sei andato tu?

Milano

> Un'estate a fine settembre! E una settimana della moda che _faceva_ sognare. In più, _____ 30 gradi! Cielo blu e nessuna nuvola. Il sole _____ come ad agosto. Solo la sera _____ un po', ma la temperatura non _____ sotto i 20 gradi. Di giorno _____ piena estate e di sera una dolce primavera. I milanesi _____ che non _____ da due mesi. E così [io] _____ sandali e camicia di lino tutto il giorno. [io] _____ quel caldo!

passato prossimo e imperfetto | ALMA Edizioni

2 il passato raccontato con l'imperfetto

34. Nell'articolo si parla di una famosa scrittrice italiana e del suo compagno, uno scrittore altrettanto famoso. Chi sono? Completa il testo con l'imperfetto dei verbi indicati e scopri i loro nomi riportando le lettere negli spazi indicati.

L'IMPERFETTO E LA BIOGRAFIA

Matrimonio: Lui [avere] ¹A V E V A 29 anni, lei 24. Lei [vivere] ²_ _ _ _ _ _ scrivendo tesi di laurea per altri e [fare] ³_ _ _ _ _ credere a lui di essere scappata di casa.

Divorzio: [io, dire] ⁴_ _ _ _ _ _ spesso a lui che [loro, dovere] ⁵_ _ _ _ _ _ _ divorziare, e lui ogni volta [lui, rispondere] ⁶_ _ _ _ _ _ _ _ _ : "Non vuole, non vuole; cosa devo fare?". Lei gli [dire] ⁷_ _ _ _ _ _ :"Mi hai sposato davanti a Dio e solo Dio può dividerci". Lei [avere] ⁸_ _ _ _ _ un caratteraccio e a volte [gridare] ⁹_ _ _ _ _ _ _. Allora lui quasi sempre [cominciare] ¹⁰_ _ _ _ _ _ _ _ a balbettare, [avere] ¹¹_ _ _ _ _ paura quando lei [comportarsi] ¹²_ _ _ _ _ _ _ _ _ così.

[Edith Bruck, scrittrice e poetessa ungherese naturalizzata italiana]

La frase d'amore: Quando [io, essere] ¹³_ _ _ bambina [vedere] ¹⁴_ _ _ _ _ mia zia come una donna sola e infelice e [mettere] ¹⁵_ _ _ _ _ _ in relazione la sua infelicità con il lavoro di scrittrice. Un suo amico [raccontare] ¹⁶_ _ _ _ _ _ _ _ _ che negli ultimi anni lei [chiedere] ¹⁷_ _ _ _ _ _ _ _ a tutti: "Qual è secondo voi la frase d'amore più vera?". Tutti [dire] ¹⁸_ _ _ _ _ _ _ grandi cose. Lei [rispondere] ¹⁹_ _ _ _ _ _ _ _ _ _ "No. La frase d'amore, l'unica, è: «Hai mangiato?»".

[Laura Morante, attrice e regista italiana, nipote della scrittrice]

¹A	L	B	²	¹³	¹²	⁴
M	¹⁴	⁹	¹⁷	⁶		⁸

³	L	¹⁹	⁷		
¹⁰	⁵	¹⁶	¹¹	¹⁸	¹⁵ E

2 il passato raccontato con l'imperfetto

35. Ritagli italiani. Completa con l'imperfetto dei verbi indicati. **L'IMPERFETTO NELLA LETTERATURA**

A proposito del treno...

«Mi [*piacere*] _piaceva_ il rumore del treno che mi [*portare*] _____ nella mia vecchia città, nel mio ufficio, dai miei amici, da mia moglie.»

[A. Sordi, nel film *Il diavolo*]

A proposito dell'estate...

«In quell'estate [io, *andare*] _____ sul Po, un'ora o due, al mattino. Andavo quasi sempre solo, perché Pieretto a quell'ora [*dormire*] _____ .»

[C. Pavese, *Il diavolo sulle colline* Einaudi, Torino 1962]

A proposito del fratello...

«Tutto [*essere*] _____ merito di Giacomo, perché Giacomo [*avere*] _____ tutti i meriti, o per meglio dire era il mio esatto contrario: [*essere*] _____ bello, brillante, mondano, furbo e fortunato. E aveva dieci anni più di me... Lui [*entrare*] _____ in camera mia senza bussare, per tutte le qualità sopraelencate che [*appartenere*] _____ alla sua natura di migliore, e i migliori non bussano.»

[A. Tabucchi, *I grandi scrittori di Epoca*, 1989]

---

36. Completa con l'imperfetto dei verbi indicati. **L'IMPERFETTO NELLA LETTERATURA**

percorrere | portarsi | arrivare | apparire | guardare | finire | avere
entrare (x 2) | alzarsi | essere | ~~fare~~ | svegliare | infilare

---

L'avventura di due sposi

L'operaio Arturo Massolari _faceva_ il turno della notte, quello che finisce alle sei. Per tornare a casa _____ molta strada da fare che _____ in bicicletta nella bella stagione, in tram nei mesi piovosi e invernali.
_____ a casa tra le sei e tre quarti e le sette, poco prima o poco dopo che suonasse la sveglia della moglie Elide. Spesso i due rumori, il suono della sveglia e il passo di lui che _____, si sovrapponevano nella mente di Elide. Poi lei _____ e _____ le braccia nella vestaglia. Gli _____ così, in cucina, dove Arturo stava tirando fuori i recipienti vuoti dalla borsa che _____ con sé sul lavoro. Appena lui la _____, a Elide veniva da passarsi una mano sui capelli. Alle volte invece era lui che _____ in camera e la _____, con la tazzina del caffè, un minuto prima che la sveglia suonasse; allora _____ tutto più naturale, le braccia che si alzavano per stirarsi, nude, e _____ per abbracciare il collo di lui.

[I. Calvino, *Gli amori difficili*, Einaudi, Torino 1970]

2 il passato raccontato con l'imperfetto

37. Leggi due estratti da *L'amica geniale* di Elena Ferrante e svolgi le attività. Nel romanzo l'autrice racconta l'amicizia tra Elena e Lila che crescono nella Napoli degli anni Cinquanta.

L'IMPERFETTO NELLA LETTERATURA

a. Elena descrive la madre "poco amata". Cerca i nove errori nei verbi all'imperfetto e scrivi accanto la forma corretta.

> A casa ere la preferita di mio padre e anche i miei fratelli mi voleveno bene. Il problema era mia madre, con lei le cose non andevano mai per il verso giusto. [...] Già allora che avivo poco più di sei anni, faceva di tutto per farmi capire che nella sua vita ereno superflua. Non le ero simpatica e nemmeno lei era simpatica a me... Era biondastra, pupille azzurre, opulenta. Ma aveva l'occhio destro che non si sapiva mai da che parte guardeva. E anche la gamba destra non funzioneva. Zoppicava e il suo passo mi inquietava, specie di notte quando non potiva dormire... Di sicuro non era felice.

b. Elena descrive un momento della sua vita scolastica insieme all'amica Lila. Completa con l'imperfetto dei verbi indicati.

[noi, *essere*] _____ in prima elementare. [noi, *stare*] _____ appena imparando l'alfabeto e i numeri da uno a dieci. La più brava della classe [io, *essere*] _____ io, [*sapere*] _____ riconoscere tutte le lettere, [*sapere*] _____ dire uno due tre quattro eccetera, mi [loro, *lodare*] _____ di continuo per la calligrafia, [io, *vincere*] _____ le coccarde[1] tricolori che [*cucire*] _____ la maestra. Tuttavia la Oliviero[2], a sorpresa disse che la migliore tra noi [*essere*] _____ lei[3]. Vero che [lei, *essere*] _____ la più cattiva. Vero che [*fare*] _____ quella cosa terribile di tirare pezzi di carta assorbente sporchi di inchiostro[4] addosso a noi. Vero che la maestra [*dovere*] _____ punirla di continuo con la bacchetta di legno. Ma [*esserci*] _____ un fatto che, in quanto maestra e in quanto persona, la [*riempire*] _____ di gioia, un fatto meraviglioso che aveva scoperto qualche giorno prima, casualmente: Lila a sei anni [*sapere*] _____ già leggere e scrivere e aveva imparato da sola.

[E. Ferrante, *L'amica geniale*, E/O, Roma 2011]

[1] **coccarde:** nastri che si portano al petto come medaglie.
[2] **Oliviero:** il cognome della maestra.
[3] **lei:** l'amica Lila.
[4] **inchiostro:** liquido nero che si usa per scrivere.

il passato raccontato con l'imperfetto

38. Completa il racconto con l'imperfetto dei verbi indicati.

L'IMPERFETTO NELLA LETTERATURA

Era l'autunno 1947, quando l'Italia [essere] ____era____ ancora povera e noi [sentirsi] _____ sempre in guerra, anche se la guerra non [esserci] _____ più. Un pomeriggio, Paolo va a trovare l'unico libraio della città. Il libraio Fanciullacci non [possedere] _____ un negozio ma soltanto una bancarella sul margine di piazza del Cavallo. [essere] _____ un uomo piccolo, con una gran testa di capelli rossi e due sopracciglia foltissime che a Paolo [ricordare] _____ il mangiafuoco di Pinocchio. Inoltre [essere] _____ forte, capace di restare in piedi ore e ore accanto ai libri, instancabile, burbero e ironico, sempre disponibile a dare chiarimenti e consigli a chiunque. Quel pomeriggio davanti alla bancarella [esserci] _____ una ragazza bruna. Era alta quasi quanto Paolo, che pure [essere] _____ lungo e magro. [avere] _____ un bel naso diritto, le labbra rosa, la pelle del viso bianchissima. Gli occhi [essere] _____ color ambra e lo sguardo ostinato e triste....

[G. Pansa, *Siamo stati così felici*, Sperling & Kupfer, Milano 2007]

39. Trasforma il testo al passato, riscrivendolo sotto.

L'IMPERFETTO NELLA LETTERATURA

Vado a scuola insieme a mio fratello e mia madre mi dice di tenerlo per mano, e questo mi sembra giusto e anche responsabile. Quello che non capisco è perché mi dice sempre: «Mi raccomando, quando passate per quella strada dove non c'è il marciapiede, mettiti sempre tu dal lato della strada, dove passano le automobili». Io lo faccio ma sono molto dispiaciuto. Per me significa: «Io spero che nessuna auto vi butti sotto, ma se proprio deve succedere, preferisco che muoia tu invece che lui». La cosa mi rende abbastanza agitato. Anche perché, ogni volta che le chiedo un po' più di Nutella nel panino, lei dice che non è giusto, e che siamo tutti uguali; e a quel punto non ho mai avuto il coraggio di risponderle: «E allora se siamo tutti uguali, la mattina dal lato della strada si mette chi capita, o facciamo una mattina per uno, così le possibilità di essere investiti sono alla pari».

[F. Piccolo, *Storie di primogeniti e figli unici*, Feltrinelli, Milano 1998]

2 il passato raccontato con l'imperfetto

40. Marco e Anna si sono lasciati. Prima uno poi l'altra raccontano a Mattia il perché. Riordina le loro frasi e scopri un amore italiano nel quotidiano.   **L'IMPERFETTO SU WHATSAPP**

a. WhatsApp

MATTIA Marco, ho appena saputo che tu e Anna vi siete lasciati... ma perché? Non capisco!

MARCO È colpa sua!

MATTIA Cioè?

MARCO carote, sedano e finocchio crudi | Ogni volta che | trovavo solo | mi veniva fame, | aprivo il frigo e
Ogni volta che mi veniva fame, aprivo il frigo e trovavo solo carote, sedano e finocchi crudi.

MATTIA Non è sempre stato così con lei?

MARCO solo frutta e verdura | No, prima di sposarla | non mangiavo quasi mai | mangiavo un po' di tutto,
_____

MATTIA E poi?

MARCO Poi lei è cambiata!

MARCO e faceva yoga | Dopo il matrimonio aveva | tutte le mattine beveva | tè verde | solo amici vegani[1] e
_____

MATTIA E allora?

MARCO Lei obbligava | mangiare certe cose | anche me a
_____

MARCO quasi sempre | Quando andava al supermercato | comprava solo seitan[2] e tofu[3]
_____

MATTIA Non mangiavate mai altro?

MARCO ma | mangiavamo qualche dolce | Ogni tanto | senza uova, zucchero, latte e lievito
_____

MATTIA E la pasta?

MARCO facevano male | dovevo eliminare | perché | le farine | Tutte le volte che | mi diceva che | mangiavo un piatto di pasta
_____

MATTIA ☹

MARCO ma lei | così mi passava | Mi veniva mal di stomaco | mi dava sempre | per la tristezza | una tisana alle more e ai lamponi
_____
_____

MATTIA Cioè l'hai lasciata perché era vegana? ☹

---

[1] **vegano:** persona che non usa prodotti di origine animale: alimenti, farmaci, cosmetici, detergenti, detersivi, abbigliamento, arredamento, oggetti ecc.
[2] **seitan:** alimento che si ricava dal grano.
[3] **tofu:** alimento fatto con il latte di soia.

il passato raccontato con l'imperfetto 2

un passo in più: l'imperfetto in differenti tipi di testo

b.

WhatsApp

MATTIA Anna, tu e Marco vi siete lasciati? Ma cosa dici? Perché?! 😕

ANNA andare a pranzo | e | mangiare | da sua madre | tagliatelle al ragù | dovevamo | Tutte le domeniche
_____
_____

MATTIA Ma che problema è, scusa? E poi: potevi non andarci, no?

ANNA ma lui | sua madre | Gli dicevo sempre che | ci rimaneva male | non volevo | insisteva perché
_____
_____

MATTIA L'hai lasciato per colpa della suocera, allora? 😕

41. Completa i testi con l'imperfetto dei verbi indicati. **L'IMPERFETTO NEL BLOG**

personalizzare | esserci | ~~fare~~ | importare | mettersi | prendere | sentirsi | vivere

a.

Mi vestivo meglio quando mi vestivo peggio?

Ricordo che quando _facevo_ il liceo a Parma non _____ nessuno vestito come me. _____ abiti rosa di shantung per andare a scuola, fiocchi nei capelli, collant di pizzo. La gente mi _____ un po' in giro ma a me non _____, _____ unica. _____ i miei abiti e i miei accessori, _____ per la moda, per sfogliare giornali, leggere libri a tema, guardare vecchi film dai quali prendere ispirazione.

avere (x 4) | comprare (x 2) | divertirsi (x 2) | esserci | mettere | parlare | passare | pubblicare | rovistare
sentirsi | venire | vestirsi | vivere | volere (x 2)

b.

L'altro giorno _____ con una mia amica di come _____ una volta e sono andata a cercare le prime foto che _____ sul blog, quando ancora _____ con i miei, in Francia, e nessuno _____ un blog (era il 2009 e ne approfitto per dire un grande GRAZIE a chi mi segue da allora!).
Non mi trovo così terribile! Certo, ci sono altre foto che è meglio nessuno veda e in queste sono un po' ridicola ma guardandole mi ricordo le ore che _____ a pensare come vestirmi, il divertimento che mi _____ dallo scegliere cosa mettere. Quasi tutti i miei outfit erano composti da capi di seconda mano, praticamente non _____ nulla nei negozi normali perché non _____ chiedere soldi ai miei, perché a Parma non _____ una vasta scelta e perché _____ da morire ad andare a spulciare nei negozietti e trovare delle perle a poco prezzo. _____ un sacco di fantasia, avevo fatto un corso di cucito per poter modificare i capi e _____ tantissime cose tutte a massimo 10 euro (ad un certo punto _____ tipo 70 paia di scarpe, tutte di bassa qualità ma le _____ tutte). _____ negli armadi di casa (c'è sempre qualcosa!), in quelli degli amici che _____ fare spazio, in quello del mio fidanzato dell'epoca. _____ come una matta, _____ sicura di me e soprattutto _____ uno stile unico.

[rockandfiocc.com]

2 il passato raccontato con l'imperfetto

1. Chi è considerato uno dei "padri" della lingua italiana? Completa le frasi con l'imperfetto e scoprilo.

1. Ogni giorno [noi] _____ a scuola a piedi.
2. La sera, eravate così stanchi che vi _____ prima delle 9.
3. A nove anni, Ramona già _____ il pianoforte e il violino.
4. Quando incontrava Giovanna, Roberto _____ rosso in viso.
5. I miei zii _____ solo acqua frizzante.

PUNTI _____ / 5

2. Completa il testo con l'imperfetto dei verbi indicati.

QUANDO ANDAVAMO IN AUTO IN JUGOSLAVIA E NON C'ERANO I GELATI (MA MAZZETTE DI SOLDI[1] SÌ)

Da bambina facevo le mie vacanze in automobile! Una *128 sport*! E [io, *avere*] _____ un'unica destinazione: LA JUGO. Così era chiamata l'ex repubblica socialista federale della Jugoslavia. Io e la mia famiglia [*partire*] _____ con l'automobile con i finestrini abbassati, dal momento che l'aria condizionata non c'era. Poi cambiavamo i soldi, lire con dinari. Ora io non ricordo i tassi di cambio, ma posso dire che ti [loro, *dare*] _____ delle mazzette di soldi. E noi non cambiavamo tanti soldi, qualche centinaio di migliaia di lire. Ci sembrava di essere Paperon de' Paperoni[2]!
Mi ricordo la cassiera dei panifici che era circondata da soldi che non [*valere*] _____ nulla. Mentre le persone erano in fila al negozio, mia madre [*vedere*] _____ la cassiera che [*dovere*] _____ mettere le banconote dentro la cassa con fatica, premendole insieme perché altrimenti non ci stavano. C'erano le soste. Io [*odiare*] _____ i bar dell'ex Jugoslavia, non erano per niente interessanti per un bambino. Non c'erano gelati! [io, *prendere*] _____ un'aranciata che aveva il sapore di una medicina. Bisognava poi cercare un posto per pernottare. Verso le 6 di sera le anziane [*mettersi*] _____ lungo la strada principale con i cartelli con la scritta "Zimmer/Sobe"(camere). Mio padre le [*fare*] _____ salire in macchina e le signore ci [*portare*] _____ a casa loro. Era un'unica stanza a casa dei proprietari che qualche volta [*dormire*] _____ in più persone in una stanza per poter affittare l'altra. Durante la colazione al mattino, la padrona di casa [*tirare*] _____ fuori i piatti più belli e le tovaglie più ricamate, perché c'erano degli ospiti. Durante questi viaggi ho scoperto altre culture. Ho imparato a togliermi le scarpe per entrare in un luogo di preghiera, una piccolissima moschea sperduta nei Balcani. Con un anziano signore che con pazienza e un sorriso mi [*spiegare*] _____ perché bisognava farlo. [io, *essere*] _____ confusa e affascinata da tante diversità.

[ilfattoquotidiano.it]

[1] **mazzette di soldi**: pile di banconote, una sull'altra.
[2] **Paperon de' Paperoni**: personaggio dei fumetti ritratto come un papero molto ricco

PUNTI _____ / 15

54 passato prossimo e imperfetto | ALMA Edizioni

2. il passato raccontato con l'imperfetto

3. Completa il testo con i verbi indicati.

derivavano | sentivamo | si andava | era | aveva (x2) | stava | giravamo | c'era | si conosceva

COM'ERA BOLOGNA?

L'immagine di Bologna, nel corso del tempo, è cambiata. La città si è sviluppata, trasformata, ha cambiato le sue forme e i suoi spazi. Ma com'era negli anni Cinquanta, Sessanta, Settanta e Ottanta? E quali sono le principali differenze tra la Bologna di quegli anni e quella odierna? Ce lo racconta un cittadino bolognese.

Giorgio Zambonelli è nato a Bologna il 22 maggio 1923. È residente del quartiere Navile, vicino a Piazza dell'Unità. Professione: meccanico.

Qual è il suo ricordo di Bologna negli anni Cinquanta?
Negli anni Cinquanta c'era il boom economico. Non contava tanto quanto una persona _____ ma quanto poteva dare. _____ tantissimo lavoro. La gente _____ bene. Mi ricordo che _____ fuori a ballare tutte le sere, e allora ballare non _____ come adesso solo salti e confusione, andare a ballare era un momento di incontro tra giovani, si parlava, si scherzava e spesso _____ la propria futura moglie, come nel mio caso. Bologna era viva, vitale..., quando noi giovani di allora _____ per le strade _____ che la città era nostra.

Quali erano le differenze con la Bologna di oggi?
Allora le cose funzionavano diversamente. Prima di tutto la città _____ meno abitanti ed era più piccola così che i maggior problemi di ora, traffico e criminalità, erano quasi assenti. La gente era sicura per strada e in casa propria. Poi questa sicurezza e questa tranquillità _____ anche dalla rete sociale che si creava tra le persone: ad esempio, in un condominio si creava una rete di rapporti solidaristici intensa, ci si dava sempre una mano tra di noi. Era tutto un altro mondo!

[girinbo.wordpress.com]

PUNTI _____ / 10

TOTALE PUNTI _____ / 30

3 passato prossimo o imperfetto?

La scelta del tempo per parlare del passato

L'alternanza nell'uso del passato prossimo e dell'imperfetto è uno degli aspetti più complessi e più interessanti del sistema verbale italiano.
Entrambi i tempi si usano per parlare del passato, ma da **due prospettive diverse**:

- il **passato prossimo** si riferisce a **eventi compiuti**,
- l'**imperfetto** si riferisce a **eventi non compiuti**.

La scelta però non è sempre intuitiva, neanche per un madrelingua. Le ragioni per usare l'imperfetto o il passato prossimo sono varie: vediamole insieme.

- Se dico **passato prossimo,** che cosa pensi?

autosufficiente · azione inchiodata al passato · evento · un fatto compiuto · completo · dinamico · chiuso · confini precisi · con inizio e con fine · puntuale · linea dritta

- Se dico **imperfetto**, che cosa pensi?

effimero · svolgimento · abitudine · il fluire del tempo · gentile · visione d'insieme · azione sospesa · sfondo · sfumato · linea sinuosa · senza confini · preambolo · cornice · fa perdere i confini del tempo · un tempo per tutte le stagioni · durativo · non perfetto · azione sospesa · statico · senza termine · senza inizio · azione aperta · situazione · incompiutezza

L'uso di imperfetto e passato prossimo si differenzia sotto vari aspetti.

passato prossimo o imperfetto? 3

■ Quando raccontiamo

USIAMO L'IMPERFETTO PER...	USIAMO IL PASSATO PROSSIMO PER...
• raccontare **azioni abituali** e **sottolineare la loro durata indeterminata**.  *Da ragazzo **andavo** a correre al parco una volta al giorno e **mi sentivo** in forma.*	• raccontare azioni **puntuali** e **concluse** in un **periodo definito**. 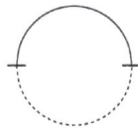 *La settimana scorsa, dopo il lavoro, **sono andato** a correre al parco tutti i giorni dalle 17 alle 19.*
• parlare di **azioni ripetute** un **numero di volte indeterminato**. 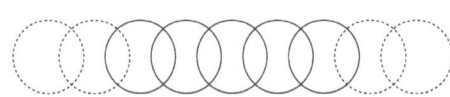 *La domenica Piero **giocava** alla lotteria.* (qualche volta? sempre?)	• precisare **il numero di volte che l'azione è stata ripetuta**. 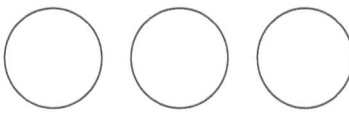 *Per tre domeniche Piero **ha giocato** alla lotteria ma **non ha vinto**.* (ora non gioca più)
• parlare di **eventi simultanei** nel passato. 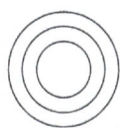 *Ai tempi del liceo, Rosa **studiava**, **lavorava** e **faceva** sport.*	• parlare di **azioni in successione**. 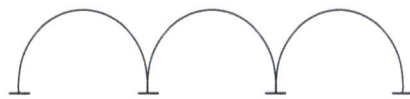 *Nella sua vita Rosa **ha studiato**, **ha lavorato** in un ufficio, **è diventata** agente immobiliare; ora è in pensione.*
• **descrivere**. 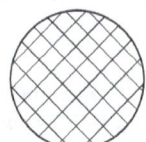 ***Faceva** un caldo pazzesco, il sole **bruciava**, Gianna **restava** quasi immobile sullo sdraio e **si copriva** di crema solare.* (azioni contemporanee > l'attenzione è sul sovrapporsi di tutte le azioni nel tempo)	• **far procedere** il racconto nel tempo.  ***Ha fatto** un caldo terribile, tutti **sono rimasti** in casa e **hanno aspettato** la sera per uscire a prendere un po' di fresco.* (azioni in successione > l'attenzione è sullo svolgimento dei fatti, sull'inizio e la fine delle azioni)

passato prossimo e imperfetto | ALMA Edizioni

3 passato prossimo o imperfetto?

■ Quando descriviamo

USIAMO L'IMPERFETTO PER...	USIAMO IL PASSATO PROSSIMO PER...
• descrivere **uno stato** o **una condizione** dai **confini temporali sfumati**.	• **circoscrivere la descrizione** in un **arco di tempo preciso**, con **inizio** e **fine** ben delineati.

*Giovanna **aveva** i capelli lunghi nella sua fase hippy.*	*Giovanna **ha avuto** i capelli lunghi per dieci anni, poi se li **è tagliati**.*
*In città **era** caldo e umido.*	*In città **è stato** caldo e umido da venerdì a domenica.*

IMPERFETTO + PASSATO PROSSIMO

Usiamo **l'imperfetto** se vogliamo **raccontare un'azione continua** che incornicia **l'azione puntuale espressa con il passato prossimo**. In questi casi, l'imperfetto è spesso introdotto da *mentre* (p. 68).

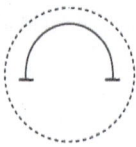

*Mentre **salivo** le scale del palazzo, **ho incontrato** Anna con le valigie in mano.*

MA

USIAMO SOLO L'IMPERFETTO PER...	USIAMO SOLO IL PASSATO PROSSIMO PER...
• raccontare **più eventi che non sono conclusi** oppure **eventi ripetuti** o **abituali**.	• raccontare **azioni in successione** (v. sopra).
*Mentre la ballerina **danzava** sul palco, l'orchestra **suonava** con energia.* (in un momento indefinito)	*Quando **è scoppiato** il temporale, Piera **ha deciso** di rimanere in casa, **ha fatto** la doccia e **ha guardato** un film.*
*Quando Romeo **entrava** al ristorante, il cameriere gli **apparecchiava** sempre lo stesso tavolo.* (abitudine)	

passato prossimo o imperfetto? 3

1. Leggi l'intervista a Kekko del gruppo musicale Modà e svolgi le attività indicate.

DESCRIZIONI DI STATI [IMP] | AZIONI ABITUALI [IMP] | AZIONI CONTINUE [IMP] | AZIONI CONCLUSE [PP]

a. Completa il testo con i verbi indicati e osserva la funzione che svolgono.

DESCRIVERE UNO STATO AL PASSATO: ~~era~~ | era | era
RACCONTARE AZIONI ABITUALI NEL PASSATO: mi divertivo | vincevo
RACCONTARE AZIONI CONCLUSE NEL PASSATO: sono stato | ha portato | siamo andati
RACCONTARE AZIONI CONTINUE CHE ACCOMPAGNANO AZIONI CONCLUSE E PUNTUALI: veniva

IN TUTTA CONFIDENZA

Francesco Silvestre, detto Kekko, è nato a Milano nel 1978. Ha fondato il gruppo musicale Modà. Nel 2011 il gruppo è arrivato secondo al festival di Sanremo.

- Qual _era_ il suo gioco preferito da bambino?
- Il calcio. Con mia sorella _____ a organizzare delle partite nel corridoio di casa. Ovviamente, _____ sempre io.

- Il suo personaggio preferito?
- Diego Armando Maradona _____ il mio idolo quando _____ un centrocampista del Napoli. Con papà _____ tre volte allo stadio quando _____ a giocare a Milano e una volta mi _____ anche a Napoli per vederlo in allenamento; anzi no, a dir la verità ci _____ per tre volte.

b. Completa la seconda parte dell'intervista con l'imperfetto o il passato prossimo dei verbi indicati.

- Quando [capire] _ha capito_ la sua vocazione per la musica?
- Da piccolo [sognare] _____ di emulare Maradona e di vincere un giorno la Champions League con la maglia del Napoli. [giocare] _____ per tre anni in varie squadre e non [io, essere] _____ male. Ma alla fine [scegliere] _____ la musica perché il calcio, con tutti gli allenamenti, mi [sembrare] _____ troppo faticoso. Mi [sbagliare] _____ perché anche con la musica [dovere] _____ sudare parecchio per arrivare al successo, ma va bene così.

- Da poco [diventare] _____ padre di Gioia; in che cosa [cambiare] _____ la sua vita?
- In tutto. Se prima dopo una giornata storta [tornare] _____ a casa e mi [rinchiudere] _____ in me stesso, ora mi basta vederla e tutto il resto mi appare senza importanza.

2. Forma tutte le frasi possibili.

AZIONI ABITUALI [IMP] | AZIONI CONTINUE [IMP] | AZIONI PARALLELE [IMP/IMP] | AZIONI IN SUCCESSIONE [PP/PP]
AZIONI IN UN TEMPO DEFINITO [PP] | AZIONI CHE ACCOMPAGNANO AZIONI PRECISE E PUNTUALI [IMP/PP]

1. Paolo studiava
2. Paolo ha studiato

a.	mentre Lucia cucinava.
b.	tutto il giorno.
c.	ed è diventato avvocato.
d.	ogni volta che poteva.
e.	sempre molto.
f.	quando è cominciata una bufera di neve.
g.	ma ora si è stancato.
h.	per tre ore.
i.	e lavorava.
l.	e prendeva bei voti.

3 passato prossimo o imperfetto?

3. Giusto [G] o sbagliato [S]?

AZIONI ABITUALI [IMP] | AZIONI CONTINUE [IMP] | AZIONI PARALLELE [IMP/IMP] | AZIONI PUNTUALI [PP]
AZIONI RIPETUTE UN NUMERO DEFINITO DI VOLTE IN UN TEMPO DEFINITO [PP]

1. Luca mangiava quattro sere al ristorante: il 12, il 13, il 14, il 15 maggio. G [S☒]
2. Luca mangiava quattro sere al mese al ristorante. [G] [S]
3. L'anno scorso, Luca mangiava al ristorante una volta. [G] [S]
4. Luca mangiava sempre al ristorante. [G] [S]
5. Luca mangiava al ristorante quando prendeva lo stipendio. [G] [S]
6. Luca mangiava al ristorante il sabato sera. [G] [S]
7. Ieri sera Luca mangiava due dolci. [G] [S]
8. Quando andava a Roma per lavoro, Luca mangiava al ristorante. [G] [S]

4. Leggi le notizie del meteo, osserva l'uso dei verbi al passato prossimo (in grassetto) per raccontare gli eventi e completa la notizia e i commenti con l'imperfetto dei verbi indicati. Infine completa lo schema.

DESCRIZIONI DI STATI [IMP] | AZIONI CONTINUE [IMP]

NEVE SUL CENTRO ITALIA: È STATA UNA DELLE PIÙ IMPORTANTI NEVICATE DEGLI ULTIMI 100 ANNI

Su tutta la superficie dell'Abruzzo **è caduta** una media di quasi 20 milioni di tonnellate di neve. Non [*succedere*] _____ da molti anni, non [*nevicare*] _____ così dal 1956.

96 ore. In questo arco di tempo l'Appennino centrale **ha vissuto** una delle nevicate più importanti degli ultimi 100 anni, dopo quelle del 1956 e del 2012. Quella che [*sembrare*] _____ una nevicata un po' più abbondante del solito, ma normale, con il passare dei giorni **ha assunto** le dimensioni di un'apocalisse.

[*essere*] **Era** tutto bianco, non [*esserci*] _____ rumori.

La neve [*cadere*] _____ così fitta che non si [*vedere*] _____ al di là della strada, [*scendere*] _____ così intensamente da non tenere gli occhi aperti.

In questo esempio...

per **raccontare un evento** usiamo
☐ l'imperfetto.   ☐ il passato prossimo.

per **commentare un evento** usiamo
☐ l'imperfetto.   ☐ il passato prossimo.

passato prossimo o imperfetto? 3

5. Sottolinea il tempo verbale corretto e indovina il personaggio aiutandoti con le immagini.

CHI È? SCOPRIRE I PERSONAGGI MISTERIOSI

Anna Magnani *Giuseppe Garibaldi* *Margherita Hack* *Pietro Mennea*

a. *È nato | Nasceva* a Nizza nel 1807. Di carattere *era | è stato* irrequieto e desideroso di avventura. È chiamato "eroe dei due mondi" perché nel corso della sua vita *compiva | ha compiuto* imprese leggendarie sia in Europa sia in America Meridionale. *È morto | Moriva* a Caprera il 2 giugno 1882.
Chi è? _____

b. Vincitore delle Olimpiadi nei 200 metri piani a Mosca nel 1980.
Era | È stato di Barletta e i giornalisti lo *chiamavano | hanno chiamato* "la freccia del sud". *È stato | Era* l'unico duecentista a qualificarsi per quattro Olimpiadi di seguito e, dopo la carriera atletica, *si laureava | si è laureato* quattro volte.
Chi è? _____

c. Dicono che lei *ha studiato | studiava* astrofisica anche di notte e non *dormiva | ha dormito* mai, perché *ha guardato | guardava* le stelle. *Era | È stata* fiorentina e *scriveva | ha scritto* molti libri di divulgazione scientifica e di astrofisica.
Chi è? _____

d. *L'hanno ritenuta | La ritenevano* l'attrice italiana simbolo della romanità del XX secolo. *Recitava | Ha recitato* in film famosi come *Bellissima*, *Mamma Roma* e *Roma città aperta* e, ovviamente, *era | è stata* romana.
Chi è? _____

6. Individua le frasi corrette e trova le lettere che danno il nome di una città italiana famosa per i mercati di Ballarò e Vucciria.

CHE CITTÀ È? SCOPRIRE UNA CITTÀ

1. Quando studiavano per l'esame, accendevano sempre la radio per concentrarsi. **P**
2. Tutte le volte che hanno studiato per l'esame, hanno acceso sempre la radio per concentrarsi. **R**
3. Lavorava in pasticceria per sei anni. **E**
4. Ha lavorato in pasticceria per sei anni. **A**
5. Mentre sciavo, ho visto un cervo. **L**
6. Mentre ho sciato, ho visto un cervo. **S**
7. Irene e Sofia si conoscevano a un corso di danza classica. **I**
8. Irene e Sofia si sono conosciute a un corso di danza classica. **E**
9. Ieri gli hanno proposto un nuovo lavoro. **R**
10. Ieri gli proponevano un nuovo lavoro. **P**
11. Abitualmente, quando ha perso si è arrabbiato. **S**
12. Abitualmente, quando perdeva si arrabbiava. **M**
13. Qualche giorno fa ho incontrato tua sorella al supermercato. **O**
14. Qualche giorno fa incontravo tua sorella al supermercato. **A**

La città è: _____

3 passato prossimo o imperfetto?

7. Sempre più italiani scelgono di condurre uno stile di vita "verde": mangiare cibo biologico, coltivare verdure negli orti urbani, lasciare la città e andare a vivere in mezzo alla natura, in campagna o in collina, magari insieme ad amici, e creare così una piccola comunità autosufficiente. Ricostruisci la storia di alcuni ragazzi italiani che hanno fatto questa scelta.

AZIONI PUNTUALI [PP] | AZIONI ABITUALI [IMP] | DESCRIZIONI [IMP]

Abbiamo fatto questa scelta perché non sapevamo più da dove veniva il nostro cibo e che cosa mangiavamo.

1. la vita dell'agricoltore | dalla natura | All'inizio | è stato | dipende | difficile | perché

   All'inizio è stato difficile perché la vita dell'agricoltore dipende dalla natura.

Quando parlavamo con altri della nostra scelta, ci dicevano che l'agricoltura biologica è bella solo se la guardi su un Powerpoint!

2. Ma | eravamo | noi | felici | della nostra scelta. | ventina | di persone | una | siamo | Oggi

Ci siamo sporcati le mani: abbiamo piantato patate, pomodori e basilico, abbiamo innaffiato l'orto, abbiamo visto le nostre piantine crescere e, infine, abbiamo raccolto frutta e verdura.

3. comunità | la nostra | Così | più unita | e | indipendente | piccola | è diventata

Le persone che ne fanno parte hanno avuto le più diverse esperienze di vita:

4. matematica | Marco | e | un dottorato | prima studiava | ha anche fatto

Antonio è nato in campagna ma è poi cresciuto in città dove è diventato un bravo musicista.

5. l'avvocato, | Sofia | parlava tante lingue e | faceva | un lavoro | il suo era | impegnativo

6. Giuseppe è stato disoccupato | ha deciso di unirsi. | ma quando gli abbiamo parlato | per quasi dieci anni, | della comunità | Prima era sempre triste, | qualcosa che gli piace | ora invece ha trovato

Tutti noi, quando abbiamo capito che l'agricoltura industriale distruggeva la natura e dava a noi un'alimentazione sbagliata,

7. non abbiamo più avuto dubbi | e | quello che | prima dell'uso dei macchinari: | curare | e | il terreno | con le nostre mani | ci siamo messi a fare | gli agricoltori facevano | coccolare

passato prossimo o imperfetto? 3

8. Collega le frasi delle due colonne.

AZIONI PUNTUALI [PP] | DESCRIZIONI DI STATI [IMP]

		PERCHÉ		
1.	Giorgia ha cambiato lavoro		a.	hanno perso l'autobus.
2.	Gli studenti sono arrivati a piedi		b.	aveva un esame difficile.
3.	Abbiamo comprato un nuovo appartamento		c.	non aveva un buon rapporto con una collega e non la sopportava più.
4.	Ho seguito una dieta		d.	il nostro era troppo piccolo.
5.	Filippo ha studiato moltissimo		e.	mi vedevo grassa.
6.	Siamo andati alle terme		f.	era il fine settimana del FAI* e l'entrata era gratuita.
7.	Vi siete sposati in agosto		g.	la strada non era in salita e non ha piovuto!
8.	Domenica abbiamo visitato molti musei		h.	i vostri amici che vivono all'estero erano in Italia.
9.	Siamo riusciti a camminare per ore		i.	ci svegliavamo tardi, andavamo in spiaggia qualche ora e tornavamo in albergo a riposare.
10.	Le vacanze in Puglia sono state molto rilassanti		l.	abbiamo vinto un pacchetto benessere.

*FAI: Fondo Ambiente Italiano per la difesa dei beni culturali.

9. Scegli la domanda corretta a partire dalla risposta e trova le lettere che danno il cognome del regista italiano che ha diretto il famoso film *Roma città aperta*.

CHI È? SCOPRIRE UN PERSONAGGIO MISTERIOSO

1. [R] • Quando sono arrivati?   [T] • Quando hanno arrivato?
   ▪ Ieri.
2. [O] • Con chi hai studiato per l'ultimo esame?   [A] • Con chi sei studiato per l'ultimo esame?
   ▪ Con Gabriella.
3. [V] • Perché potevate salutare Franco?   [S] • Perché volevate salutare Franco?
   ▪ Perché partiva.
4. [S] • Dove vi vedevate dopo scuola?   [R] • Dove vi avete visti dopo scuola?
   ▪ In biblioteca.
5. [E] • Che cosa desiderava il signor Biancucci?   [I] • Che cosa desideravano il signor Biancucci?
   ▪ La ricevuta del ristorante.
6. [N] • Siete pagati l'entrata?   [L] • Avete pagato l'entrata?
   ▪ No, era gratis.
7. [L] • Sono potuti uscire in anticipo?   [M] • Potevano uscire in anticipo?
   ▪ No, non hanno avuto il permesso dal dirigente.
8. [I] • Sapevate che l'Italia è uno stato dal 1861?   [O] • Avete saputo che l'Italia è uno stato dal 1861?
   ▪ Sì, lo sapevamo.
9. [P] • Ha voluto qualcos'altro?   [N] • Voleva qualcos'altro?
   ▪ Un caffè, grazie.
10. [E] • Sei fatta un viaggio per la laurea?   [I] • Hai fatto un viaggio per la laurea?
    ▪ Certo! Di un mese.

Il famoso regista è Roberto _____

3 passato prossimo o imperfetto?

Le espressioni di tempo con l'imperfetto e il passato prossimo

Con quali **espressioni di tempo** l'imperfetto e il passato prossimo si combinano preferibilmente?

■ Gli avverbi di frequenza

l'estate   **il venerdì**   **la sera**   *negli anni Settanta, Ottanta, Novanta*
di notte   *spesso*   *sempre*   **il sabato**   *tutte le mattine*

IMPERFETTO	PASSATO PROSSIMO
L'imperfetto **abituale** "ama" gli avverbi di frequenza che danno all'azione un senso **ripetitivo**.	Se ci riferiamo a un **contesto temporale definito**, il tempo verbale da usare è il passato prossimo.
Al mare, **di notte**, ascoltavamo musica ad alto volume: ci piacevano molto i Cure.	Al mare, **di notte**, abbiamo ascoltato musica ad alto volume **fino a quando** sono arrivati i nuovi vicini che ci hanno chiesto di fare silenzio.
Tutte le mattine ci svegliavamo tardi e andavamo al bar Novecento a fare colazione.	Tutte le mattine, **per un'intera settimana**, ci siamo svegliati tardi e siamo andati al bar a fare colazione.
Il venerdì, la sera, ci incontravamo in piazza e discutevamo per ore seduti sui gradini.	**Per tutta la scorsa estate**, il venerdì, la sera, ci siamo incontrati in piazza.
D'estate viaggiavamo sempre in autostop verso mete lontane... allora si poteva andare dappertutto!	**Nell'estate del 1968** abbiamo viaggiato in autostop in tutto il Medio oriente, poi alcuni Paesi sono diventati troppo pericolosi per essere visitati in quel modo.
In Iran, bevevamo **sempre** acqua minerale e mangiavamo **raramente** carne.	**Durante il nostro viaggio in Iran**, abbiamo bevuto sempre acqua minerale e abbiamo mangiato raramente carne.
Negli anni Ottanta contava molto la moda: era importante come ti vestivi.	**Per tutti gli anni Ottanta** ci hanno costretto a vestirci con abiti costosi ma orrendi.

10. Completa il messaggio con l'imperfetto o il passato prossimo dei verbi indicati.

RACCONTARE AZIONI ABITUALI

Cara Agnese,
oggi finalmente io e Aldo [*finire*] _abbiamo finito_ il nostro libro. L'esperienza [*essere*] _____
_____ dura ma siamo contenti. Per completare il lavoro [noi, *andare*] _____
a stare nella casa di campagna di Aldo per una settimana. [noi, *passare*] _____
la nostra settimana così: tutte le mattine [*alzarsi*] _____ presto, [*andare*]
_____ a fare colazione al bar, [*fare*] _____ la spesa, [*pulire*]
_____ un po' la casa e poi [*cominciare*] _____ a scrivere. Verso
l'una [*preparare*] _____ qualcosa da mangiare e dopo un caffè [*riprendere*]
_____ a scrivere fino alle 7. Così tutti i giorni, tranne l'ultimo, nel quale [*festeggiare*]
_____ il completamento dell'opera. Ora sono a casa, quando ci vediamo? Fammi sapere.
Un abbraccio,
Matilde

passato prossimo o imperfetto? 3

11. Un dialogo fra un padre e un figlio che parlano degli anni Ottanta della "Milano da bere"*.
Svolgi le attività indicate.

RACCONTARE AZIONI ABITUALI

a. Completa il testo con il passato prossimo o l'imperfetto dei verbi indicati e individua lo yuppie nei disegni a destra.

FIGLIO: • E come [voi, *vestirsi*] _vi vestivate_ ?
PADRE: ■ All'epoca [*andare*] _____
il doppio petto. Tutti [*avere*] _____
quello, preferibilmente blu. Camicie bianche o celesti, belle scarpe, cravatte sobrie. Poi [tu, *dovere*] _____ avere una bella borsa di pelle. Io ne [*avere*] _____ una di Trussardi. Costava un botto. Tutti [*avere*] _____ il conto presso la stessa banca. In due anni [noi, *diventare*] _____ tutti yuppies.

b. Completa il seguito del dialogo con il passato prossimo o l'imperfetto dei verbi indicati.

FIGLIO: • Yuppies?
PADRE: ■ Sì, così negli anni '80 [*definirsi*] _____ quella specie di fighetti dall'aria pariolina indebitati sino al collo, convinti di avere il mondo sotto i piedi. Ecco come [io, *arrivare*] _____ al mio lavoro. Certo poi [*diventare*] _____ bravo, [*fare*] _____ carriera e [*fare*] _____ i soldi, ma i soldi mi [*servire*] _____ per farne altri, e per farne altri [*dovere*] _____ indebitarmi di più. Pensa, ci [loro, *fare*] _____ passare il messaggio che avere debiti e indebitarsi [*essere*] _____ un privilegio e più il debito [*essere*] _____ alto più eri uno che [*contare*] _____ .

[F. Borni, *Siamo tutti colpevoli*, Youcanprint, Lecce 2014]

c. Scrivi le espressioni sottolineate nei testi accanto alle definizioni.
   1. Snob, l'aggettivo deriva dal nome di un quartiere di Roma: _____
   2. Persone molto attente all'apparenza e alla moda. La parola può essere offensiva: _____
   3. Eccellere, raggiungere il traguardo più alto: _____
   4. Era molto cara: _____

*Milano da bere: espressione usata per identificare Milano negli anni Ottanta, città-simbolo di un periodo frivolo e conformista.

■ Espressioni di tempo [1]

per tre giorni   **per tutta la vita**   per cinque anni

in due mesi   in una settimana

PASSATO PROSSIMO	IMPERFETTO
Con le espressioni di tempo che indicano **durata** in **un tempo definito** si usa **prevalentemente** il passato prossimo.	Quando raccontiamo **un'abitudine** usiamo l'imperfetto.
*Ieri ho lavorato **per tutto il pomeriggio**.* *Ieri ho lavorato **fino alle 7**.* *Ieri ho lavorato **dalle 3 alle 7**.* *Ieri ho lavorato **fra le 3 e le 7**.*	*Quando **scrivevo** per Repubblica, **lavoravo** fino alle 7.* (= lavoravo tutti i giorni)

3 passato prossimo o imperfetto?

12. Completa i dialoghi con il passato prossimo o l'imperfetto dei verbi indicati, facendo attenzione all'espressione di tempo e se l'azione è abituale o no. **LE ESPRESSIONI DI TEMPO [1]**

1. ● Che cosa avete fatto domenica? ■ [nuotare] __Abbiamo nuotato__ dalle 10 alle 12.
2. ● Che cosa facevate di solito la domenica? ■ [studiare] _____ dalle 10 alle 12.
3. ● Dove è andato Roberto martedì pomeriggio?
   ■ Prima [fare] _____ una passeggiata in montagna, poi [prendere] _____ una tisana con zia Tatiana fra le 4 e le 6.
4. ● Dove andava Roberto tutti i martedì pomeriggio?
   ■ Prima [andare] _____ in biblioteca, poi [sedersi] _____ su una panchina del parco e [leggere] _____ per un paio d'ore.
5. ● Perché avete quelle facce? Che cosa è successo? ■ [perdere] _____ il portafoglio.
6. ● Perché in questa foto avevate quelle facce?
   ■ [essere] _____ tristi perché [essere] _____ l'ultimo giorno di scuola.
7. ● In quanto tempo hai letto il libro di Saviano?
   ■ L' [finire] _____ in una settimana, mi [piacere] _____ moltissimo.
8. ● In quanto tempo leggevi i primi libri di Camilleri?
   ■ Li [leggere] _____ in tre ore, li [divorare] _____ .
9. ● Perché i tuoi cugini non venivano mai alle feste? ● Perché [lavorare] _____ fino a tardi.
10. ● Perché ieri i tuoi cugini non sono venuti alla festa?
    ■ Perché [andare] _____ a trovare un loro amico.

13. Completa il testo con l'imperfetto o il passato prossimo dei verbi indicati. **LE ESPRESSIONI DI TEMPO [1]**

Le peggiori mode maschili dagli anni Settanta ai Duemila

anni Settanta   *anni Ottanta*   *anni Novanta*   *anni Duemila*

● Che mi dici dei tuoi *look*?
■ Ho avuto vari momenti, molte evoluzioni. Per tutti gli anni Settanta [io, portare] __ho portato__ t-shirt "tie dye", tute intere e, soprattutto la sera, [io, mettere] _____ anche indumenti paillettati e pantaloni a campana. Confesso che ho calzato anche zeppe alte così.
Dalla fine dei Settanta a metà degli Ottanta [io, optare] _____ per maglioni legati intorno al collo, giacche di jeans dal lavaggio chiaro. Per le occasioni speciali, [io, mettere] _____ camicie di seta e indumenti "neon".
Negli anni Novanta, per pochi anni, [io, usare] _____ pantaloni cargo e, a volte, [io, indossare] _____ anche maglioni intorno alla vita.
Eccoci agli anni Duemila: per un po' [io, adottare] _____ cappellino con visiera, capelli a "spillo", colletto alzato; i jeans strappati li [io, portare] _____ tutta la vita.

passato prossimo o imperfetto? 3

■ Espressioni di tempo [2]

già **non... ancora** **non... più** **mai**

IMPERFETTO	PASSATO PROSSIMO
Con le espressioni di tempo **già**, **non... ancora**, **non... più**, **non... mai** ecc. si usa prevalentemente l'imperfetto. • *Nel 2010 lo zio Antonio lavorava?* ■ *No, era **già** in pensione, **non** faceva **più** quell'orribile lavoro.* ■ *Sì, **non** era **ancora** in pensione, purtroppo.* ■ *Sì, e **non** diceva **mai** di voler andare in pensione.*	Anche il **passato prossimo** si può accompagnare a queste espressioni di tempo se ci riferiamo a **eventi compiuti**. • *Anna, ti sei già iscritta nella palestra di Piazza Vittorio?* ■ *Sì, l'ho **già** fatto.* ■ *No, **non** l'ho **ancora** fatto.* ■ *No, **non** mi sono iscritta **più** perché preferisco fare una dieta.*

14. Che cos'hai fatto nella vita? Completa le esperienze di Camilla usando il passato prossimo o l'imperfetto e le espressioni di tempo indicate. Nell'ultima colonna completa liberamente secondo le tue esperienze.

LE ESPRESSIONI DI TEMPO [2]

		CAMILLA	IO
1.	vedere un leone dal vivo	[non... mai] *Non ha mai visto un leone dal vivo.*	
2.	sposarsi	[non... ancora]	
3.	tingersi i capelli	[non... mai]	
4.	salire sull'Etna	[già]	
5.	sapere andare in bicicletta a 12 anni	[non... ancora]	
6.	scrivere all'età di cinque anni	[già]	
7.	mangiare tagliatelle al ragù	[non... mai]	
8.	trovare dei soldi per strada	[non... mai]	
9.	perdere le chiavi di casa	[non... ancora]	
10.	suonare il flauto	[non... più, fino a oggi]	

3 passato prossimo o imperfetto?

■ Espressioni di tempo [3]

da tempo   **da due mesi**
   da un'ora   **da un anno**

IMPERFETTO	PASSATO PROSSIMO
Con le espressioni di tempo **da tempo**, **da un'ora**, **da due mesi**, **da un anno** ecc. si usa prevalentemente l'imperfetto.	Le stesse espressioni con il **passato prossimo** indicano che **l'evento è concluso**.
*Il segretario del partito parlava **da due ore** e i presenti erano stanchi.*	*Ha comprato casa **da due anni**.*
*Il segretario del partito parlava **da due ore** quando i presenti hanno cominciato ad applaudire.*	

15. Sottolinea il tempo verbale corretto.   **LE ESPRESSIONI DI TEMPO [3]**

1. Mauro e Stefania ballavano da un'ora e i loro figli li *guardavano | hanno guardati* felici.
2. Mauro e Stefania ballavano da un'ora quando i loro figli *iniziavano | hanno iniziato* a piangere per la stanchezza.
3. Guidavamo da cinque ore e, all'improvviso, *abbiamo investito | investivamo* un gatto che attraversava la strada.
4. Guidavamo da cinque ore e, per restare svegli, da cinque ore *cantavamo | abbiamo cantato* le canzoni di Laura Pausini.
5. Già da tempo parlavo francese, perché *amavo | ho amato* intensamente la Francia.
6. Da tempo parlavo francese, poi *mi sono annoiato | mi annoiavo* e *ho iniziato | iniziavo* a studiare russo.
7. Lucilla mangiava solo verdure da un anno, quando *incontrava | ha incontrato* il suo fidanzato e *ha ricominciato | ricominciava* a mangiare carne e pesce.
8. Lucilla mangiava solo verdure da un anno perché *ha odiato | odiava* mangiare carne e pesce.
9. Da mesi scrivevate lettere di protesta al direttore della scuola, intanto lui *si occupava | si è occupato* di altre questioni.
10. Da mesi scrivevate lettere di protesta al direttore della scuola, quando finalmente lui vi *rispondeva | ha risposto*.

■ Espressioni di tempo [4]

mentre   **quando**

Mentre è sempre seguito dall'imperfetto. Insieme descrivono lo sfondo in cui si realizzano azioni durative e parallele (espresse con un altro imperfetto) oppure azioni concluse (espresse con il passato prossimo).

*Al matrimonio di Gianni e Paola, mentre i camerieri **servivano** il dolce, gli invitati **ballavano**.* (azioni parallele)
*Al matrimonio di Gianni e Paola, mentre i camerieri **servivano** il dolce, Pino **ha cantato** una canzone per gli sposi.* (evento puntuale)

Quando si usa sia con l'imperfetto sia con il passato prossimo.
*Quando ti **ho incontrato**, mi sono subito innamorata.*
*Quando ti **incontravo**, diventavo rossa.*

passato prossimo o imperfetto? 3

16. Leggi il dialogo tra due fidanzati, Mara e Attilio: Attilio è in ritardo all'appuntamento e inventa scuse incredibili per giustificarsi. Completa con l'imperfetto o il passato prossimo dei verbi indicati e scrivi *mentre* nella posizione corretta. **LE ESPRESSIONI DI TEMPO [4]**

WhatsApp

ATTILIO Ciao, tesoro!

MARA Ciao amore! Stai arrivando? Non vedo l'ora di vederti!

ATTILIO Sì, quasi... Come dire... Sono in arrivo...

MARA Cosa vuol dire "in arrivo"? Io sono davanti al ristorante, e tu?

ATTILIO Ehm... Ti spiego: *mentre* [io, prepararsi] **mi preparavo** per uscire, _____ [io, sentire] **ho sentito** un rumore.

MARA Un rumore?

ATTILIO Sì... cioè... _____ qualcuno [gridare] _____, _____ [io, fare] _____ la doccia.

MARA Chi era?

ATTILIO Mia mamma che, _____ [cucinare] _____, [bruciare] _____ le lasagne.

MARA

ATTILIO E poi... mio padre _____ [buttare] _____ la spazzatura, _____ [assistere] _____ a un incidente in strada!

MARA

ATTILIO E non è finita: _____ mio fratello [ascoltare] _____ la musica, _____ [lui, urtare] _____ i vetri della finestra rompendoli.

MARA

ATTILIO E mia sorella... _____ [asciugarsi] _____ i capelli, _____ [fare] _____ cadere il phon nella vasca da bagno!

MARA DOVE SEI?????????????????

ATTILIO A casa

MARA IO SONO QUI DA 10 MINUTI!!! DOVE SEI????

ATTILIO ... Ancora a casa, ma arrivo...

3 passato prossimo o imperfetto?

17. Completa le risposte alle domande con l'imperfetto o il passato prossimo dei verbi indicati.

LE ESPRESSIONI DI TEMPO [TUTTE]

1. • Quando hai comprato casa?
   a. ■ Quando [*trovare*] ___ho trovato___ lavoro.
   b. ■ Quando [*essere*] _____ giovane.
   c. ■ Quando [*ricevere*] _____ il mutuo dalla Banca.
   d. ■ Mentre [*lavorare*] _____ per quella famosa casa editrice e [*guadagnare*] _____ bene.

2. • Marta, che cosa facevi d'estate per le vacanze?
   a. ■ [*andare*] _____ al mare con i miei genitori.
   b. ■ Intorno ai 18 anni, [*cominciare*] _____ a viaggiare da sola.
   c. ■ Di solito [*raggiungere*] _____ i miei nonni in montagna.

3. • Licia, vedi ancora i tuoi compagni di scuola?
   a. ■ Un tempo li [*vedere*] _____, adesso non li vedo più.
   b. ■ No, alcuni di loro [*trasferirsi*] _____ a Milano.
   c. ■ No, fino all'anno scorso [noi, *fare*] _____ una cena all'anno e poi [*smettere*] _____.

4. • Aldo, hai vissuto sempre qui?
   a. ■ No, per due anni [*vivere*] _____ in Belgio.
   b. ■ No, [*lavorare*] _____ all'estero per una Banca, poi [*ritornare*] _____.
   c. ■ No, prima [*stare*] _____ in Belgio, ma ora vivo qui. In Belgio non [*avere*] _____ molti amici e [*annoiarsi*] _____.

18. Riordina ogni frase e coniuga i verbi al passato prossimo o all'imperfetto. Le espressioni di tempo ti aiutano nella scelta. Poi indica l'oggetto di cui si parla in ogni frase.

LE ESPRESSIONI DI TEMPO [TUTTE]

1. Quando i suoi figli | sei anni | sempre | avere | mangiare | spaghetti al pomodoro ☐ **b**
   Quando i suoi figli avevano sei anni mangiavano sempre spaghetti al pomodoro.

2. Due ore fa | e | [noi] *finire* | con una bottiglia di spumante | un lavoro difficile | [noi] *festeggiare* ☐
   _____

3. Da ragazza | in vacanza | con una vecchia roulotte | Lucia | *andare* | e *divertirsi* da matti ☐
   _____

4. Mentre | una mail, | mia madre *scrivere* | le piante in terrazzo | mio padre | *annaffiare* ☐
   _____

5. [io] *cambiare* | telefono | non *funzionare* | Martedì scorso | più | perché | quello vecchio ☐
   _____

6. Il rubinetto | e poi | Giovanni | *perdere* acqua | da ore | finalmente | lo *riparare* ☐
   _____

a b c d e f

passato prossimo o imperfetto? 3

19. Sottolinea il tempo verbale corretto. `LE ESPRESSIONI DI TEMPO [TUTTE]`

1. *Sembrava* | *È sembrato* l'inizio di un noir: *c'era* | *c'è stata* la nebbia, la stazione *è stata* | *era* deserta, Carlo *ha indossato* | *indossava* un cappotto verde e l'orologio *segnava* | *ha segnato* le 22:00.
2. Ieri alle 17:00 *andavo* | *sono andata* dal medico. Lì *aspettavo* | *ho aspettato* più di due ore, così poi *sono arrivata* | *arrivavo* tardi alla cena con le amiche.
3. *C'era* | *C'è stato* un grande silenzio nel deserto, poi all'improvviso *ho sentito* | *sentivo* il vento sollevare la sabbia e *arrivava* | *è arrivata* una tempesta spaventosa.
4. Stamattina *sono uscito* | *uscivo* prima del solito, *ho fatto* | *facevo* colazione al bar e *leggevo* | *ho letto* tutto il giornale con calma.
5. Aldo *ha parlato* | *parlava* per tutto il film e io mi *sono arrabbiata* | *arrabbiavo*.
6. Nei primi mesi del 2015 *ho conosciuto* | *conoscevo* Gabriele.
7. Mentre *cuocevo* | *ha cotto* le patate al microonde *andava* | *è andata* via la luce.
8. L'ufficio postale *è rimasto* | *rimaneva* chiuso dalle 13:00 alle 15:00 e così non *facevo* | *ho fatto* in tempo a spedirti i documenti che *hai aspettato* | *aspettavi*.
9. Ogni anno da giugno a settembre con i miei nonni ci *trasferivamo* | *siamo trasferiti* sempre nella nostra casetta sul lago.
10. La scorsa settimana *facevo* | *ho fatto* una cena terribile con Mario: non *faceva* | *ha fatto* altro che annoiarmi e alla fine mi *ha chiesto* | *chiedeva* pure di pagare il conto perché non *aveva* | *ha avuto* soldi!

20. Scrivi un commento per le immagini. Usa gli elementi suggeriti e coniuga i verbi al passato prossimo o all'imperfetto. `LE ESPRESSIONI DI TEMPO [TUTTE]`

1.
Mentre | Paolo e Gino | *nuotare* | *vedere* | squalo

2.
Dal 2010 al 2015 | Nino | *fare* | giardiniere

3.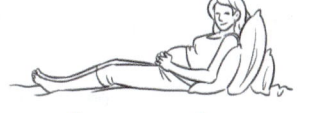
Anna | non ancora | *partorire*

4.
Nel 2014 | Giorgio | *frequentare* | Giovanna

5.
Giovanni | non ancora | *mangiare*

6.
Rino | *tagliare* | il traguardo | in 4 minuti e 20 secondi

7.
Durante il viaggio in treno | *leggere* | un romanzo

3 passato prossimo o imperfetto?

21. Completa il testo con il tempo verbale indicato. [PASSATO PROSSIMO E IMPERFETTO NEL RACCONTO ORALE]

Erminia è una delle protagoniste del documentario *Funne, ragazze che sognavano il mare*. La storia racconta di un gruppo di donne di montagna che realizzano il desiderio di vedere il mare. Erminia, intervistata, racconta le sue esperienze di lavoro da ragazzina in una grande casa di Milano e poi, più avanti, di bambinaia a Roma.

Mi chiamo Erminia. Vengo da un paesino del Trentino, [*nascere*, passato prossimo] ___sono nata___ nel '45. A 13 anni [*andare*, passato prossimo] _____ a Milano, in servizio da una signora che aveva detto ai miei che le [*occorrere*, imperfetto] _____ una ragazzetta per fare compagnia alla mamma che [*essere*, imperfetto] _____ anziana. Così [io, *trovarsi*, passato prossimo] _____ a Milano, in un appartamento di 260 mq, a dover tenere tutta la casa pulita, accudire questa signora e un cagnolino, [*prendere*, imperfetto] _____ 9 mila lire al mese. A me sembravano soldi perché non ne vedevo, sicché quelli per me [*essere*, imperfetto] _____ soldi. Tornata a casa, quando [*raccontare*, passato prossimo] _____ ai miei, quando gli [*dire*, passato prossimo] _____ quello che [*fare*, imperfetto] _____, mia mamma mi [*dire*, passato prossimo] _____: "No, no, ti fermi a casa e con Milano hai chiuso". Mia sorella [*essere*, imperfetto] _____ a Roma, [*fare*, imperfetto] _____ la cuoca. Un Natale [lei, *venire*, passato prossimo] _____ a casa e mi [*dire*, passato prossimo] _____: "Ma cosa fai in questo paese qui che non c'è niente?". Così, a 16 anni [io, *partire*, passato prossimo] _____ e [*venire*, passato prossimo] _____ a Roma a fare la bambinaia. [*avere*, imperfetto] _____ due bambine da badare.

[repubblica.it]

22. Giaco riceve una telefonata dalla nonna a proposito di una visita che lo riguarda. Completa con il passato prossimo o l'imperfetto dei verbi indicati. [PASSATO PROSSIMO E IMPERFETTO... AL TELEFONO]

● Giaco, è venuta a cercarti una persona...
■ Una persona, e chi [*essere*] ___era___? Che cosa [*volere*] _____ da me?
● Non lo so, [*essere*] _____ una ragazza... Non [*parlare*] _____ bene italiano e non [*capire*] _____ bene le mie domande.

Il tono della nonna [*essere*] _____ desolato. Le [*dispiacere*] _____ di non essere stata all'altezza della situazione.

■ Ma com'[*essere*] _____ questa ragazza? [*avere*] _____ per caso gli occhi a mandorla?
● Gli occhi come? Non li [*vedere*] _____ neppure gli occhi, perché [*portare*] _____ gli occhiali da sole. Comunque mi [*lasciare*] _____ un biglietto. Forse lì sopra [*scrivere*] _____ dove puoi trovarla...
■ Almeno sai dirmi se [*essere*] _____ bionda, rossa, mora o castana questa ragazza?
● [*essere*] _____ mora, questo me lo ricordo. E [*avere*] _____ i capelli molto lunghi...

[V. Sericano, *Ami dagli occhi color mare*, Edizioni esordienti, Torino 2015]

passato prossimo o imperfetto? 3

23. Zoe chiama l'amica Lea per sapere com'è andata la festa della sera prima. Trasforma il dialogo al passato sostituendo i verbi in grassetto. Usa il passato prossimo e l'imperfetto.

PASSATO PROSSIMO E IMPERFETTO... AL TELEFONO

- Ciao Lea, come **va** stasera?
- Ciao Zoe, **sono** alla festa di Anna!
- Bello! Che cosa **succede** alla festa?
- La musica **è** altissima, **c'è** un sacco di gente che non **conosco** e gli unici che **conosco sembrano** arrivare da un altro pianeta.
- Ma che dici?!
- Guarda, Matilde **indossa** un abito elegante, lungo fino ai piedi, e **beve** birra ininterrottamente. Marco **ha** un paio di jeans tagliati alla caviglia e **porta** una camicia rosa fuori dai pantaloni. **Mangia** solo un'insalatina perché **è** a dieta. Anna **è** arrabbiata con Mattia e non **parla** con nessuno. Mattia, da parte sua, **parla** anche troppo: **dice** a tutti che **vuole** andare a guardare la televisione al piano di sopra, perché non **sopporta** la confusione e alla fine... ci **va**! I loro figli, intanto, non **vogliono** dormire e **piangono** nella loro stanza.
- Ma che brutto! Quindi non **ti diverti** per nulla?
- Macché, non **vedo** l'ora di tornare a casa!

• *Ciao Lea, com'è andata ieri sera?*
_____
_____
_____
_____
_____
_____
_____
_____
_____
_____
_____
_____
_____
_____
_____
_____
_____
_____
_____
_____
_____

un passo in più: l'imperfetto e il passato prossimo in differenti tipi di testo

24. Leggi l'esperienza di Chiara, <u>sottolinea</u> il verbo corretto tra quelli indicati e scopri di quali prodotti si occupa nel suo lavoro.

PASSATO PROSSIMO E IMPERFETTO PER PARLARE DI LAVORO

"Grazie stage! Oggi sono beauty manager a 28 anni"
Serve veramente un tirocinio? La risposta è in questa storia.

Chiara Sala ha solo 28 anni ed è già *category manager makeup* di Sephora, il grande brand che distribuisce prodotti beauty in tutta Europa. *È entrata* O | *Entrava* E in azienda pochi anni fa fresca di studi universitari. E da allora non *si fermava più* N | *si è più fermata* S. Oggi ha un posto di grande responsabilità. Nel suo studio di Milano studia le strategie giuste per catturare l'attenzione delle clienti.

- Come è riuscita a fare tanta strada?
- Con le idee chiare. *Mi sono laureata* M | *Mi laureavo* E in Economia e *ho unito* E | *univo* S la passione per i numeri e la passione per i cosmetici. Così *ho preso* T | *prendevo* S al volo l'offerta della mia università di seguire uno stage presso Sephora.

- Il primo colloquio se lo ricorda ancora?
- Eccome. *Ho scelto* I | *Sceglievo* E il mio look abituale, con cui *sono stata* R | *ero* C a mio agio, e *ho colpito* I | *colpivo* E i selezionatori con la mia determinazione. La stessa che ora cerco nei miei stagisti. Non serve darsi arie o truccarsi bene. Se sei adatta per questo settore, si capisce più dall'atteggiamento che dalla linea perfetta dell'*eye-liner*. Per il resto bastano curiosità, entusiasmo e umiltà.

[«Donna moderna»]

Prodotti C ☐ ☐ ☐ ☐ ☐ ☐ ☐

3 passato prossimo o imperfetto?

25. Completa il testo con i verbi indicati.
PASSATO PROSSIMO E IMPERFETTO NELLA CRONACA GIORNALISTICA

rientravano | hanno fatto | ~~ha offerto~~ | ho detto | ha mangiato | volevo | ha fatto
abbiamo fatto | hanno detto | ha cambiato | ho scattata | erano

"CARI VIGILI DEL FUOCO: LA CENA LA OFFRO IO"
Ravenna, ristoratore offre la cena ai vigili del fuoco di ritorno dall'Abruzzo

Mercoledì sera, nel suo ristorante *La Campaza* sulla statale Adriatica, nel ravennate, Gilles Donzellini ___ha offerto___ la cena a una squadra di Vigili del fuoco che _____ dall'Abruzzo. Erano là per aiutare la popolazione dopo il terremoto e le nevicate degli scorsi giorni. "Volevo ringraziarli per il loro impegno. È un gesto che non abbiamo pubblicizzato, che _____ col cuore. Poi un cliente ha pubblicato la foto sui social..." E la storia, pubblicata da *Ravenna Today*, _____ il giro dei social. "A cena, qualcuno _____ la pizza, qualcun altro la carne. _____ che non avrebbero pagato il conto, _____ ringraziarli per il lavoro che _____." I vigili _____ che pizze e bistecche sarebbero state pagate da loro, perché avevano un rimborso dato che _____ fuori per trasferta. Ma Gilles non _____ idea. Dopo i saluti, una donna del gruppo è rientrata nel ristorante per chiedere di fare una foto tutti assieme di quell'incontro. "L' _____ io – dice il proprietario – e ai pompieri si è unita mia mamma, che lavora alla cassa."

[repubblica.it]

26. Italiani che partono per cercare lavoro all'estero, quello che in Italia non trovano. Leggi il testo e completa con il passato prossimo o l'imperfetto dei verbi indicati.
PASSATO PROSSIMO E IMPERFETTO NEL RACCONTO AUTOBIOGRAFICO

Che non fossi destinata a vivere sempre nello stesso posto forse l'ho sempre saputo. [*crescere*] ___Sono cresciuta___ leggendo libri e sognando avventure in posti lontani, con un padre che [*venire*] _____ a darci il bacio della buona notte di ritorno da uno dei suoi tanti viaggi di lavoro. Il giorno, di tre anni fa, in cui [*dire*] _____ "Basta, me ne vado!" lo ricordo come se fosse ieri. [*essere*] _____ a Parigi, fuori [*fare*] _____ freddo e, come spesso mi accade di domenica pomeriggio, me ne [*stare*] _____ seduta a rimuginare guardando fuori dalla finestra. Una laurea in giurisprudenza, un master, il lavoro in uno studio legale proprio al centro di Roma eppure mi [*mancare*] _____ qualcosa... Si, certo, lo stipendio [*essere*] _____ così basso che [*assomigliare*] _____ più a un rimborso spese... Ma non è questa la ragione principale che mi [*spingere*] _____ a fare quella job application. Quello che mi [*mancare*] _____ [*essere*] _____ un ambiente di largo respiro, che mi desse la possibilità di confrontarmi con nuove realtà, facendomi crescere sia professionalmente che come persona. [*avere*] _____ bisogno di un'occasione che mi facesse uscire da quel piccolo nido, in cui [*iniziare*] _____ a soffrire di claustrofobia, e che mi mettesse alla prova, facendomi sentire viva ogni giorno. E così eccomi qui, tre anni dopo... contracts officer presso l'European Space Research and Technology Centre in Olanda. Una realtà lavorativa in cui 2000 persone provenienti da Paesi diversi si confrontano e crescono insieme ogni giorno. Certo, il clima e la cucina olandese non sono paragonabili a quelli di casa nostra...

[huffingtonpost.it]

27. Completa con il passato prossimo o l'imperfetto dei verbi indicati.

PASSATO PROSSIMO E IMPERFETTO NEL RACCONTO AUTOBIOGRAFICO

Tiziano Terzani è stato un famoso giornalista e scrittore italiano. Ha passato gran parte della propria vita in Asia, da dove faceva il corrispondente.

[nascere] _Sono nato_ in un quartiere popolare di Firenze.
Mio padre [essere] _____ un comunista,
un partigiano comunista, mia madre cattolicissima.
Alle elezioni mio padre [dire] _____ a mia
madre "Tu per chi voti?", "Il voto è segreto" diceva lei.
E uno [votare] _____ Partito comunista
e l'altra Democrazia cristiana.
Debbo molto a loro, mi [tramandare] _____
il senso di quello che è giusto e di cosa non è giusto, e non
in base a un criterio: lui era comunista, lei era cattolicissima.
Perché, secondo me, nel fondo del cuore di tutti c'è chiaro che
cosa è giusto e che cosa non è giusto, che cosa è il bene e che
cosa è il male e che cosa dobbiamo fare; e non secondo una
regola di un partito o di una religione, ma secondo il cuore,
che è uguale per tutti.

GLI STUDI

Dunque, a scuola [essere] _____ bravo, [finire] _____ il liceo.
Alla fine del liceo [vincere] _____ una stupenda borsa di studio e [entrare]
_____ in Normale, la Scuola Normale di Pisa*. [laurearsi] _____
con 110 e lode.
[essere] _____ già innamorato di questa donna che ancora oggi è mia moglie, dopo
42 anni. Io non sono un grande consumista, non consumo nemmeno la moglie, ho sempre la stessa:
[noi, crescere] _____ assieme.

LA PROFESSIONE

Al giornalismo sono arrivato tardi, ci [arrivare] _____ a 30 anni.
Io già [parlare] _____ il francese, il tedesco, l'inglese, il portoghese e [aggiungere]
_____ una lingua che mi [stare] _____ a cuore: il cinese.
[studiare] _____ il cinese in America e poi [andare] _____ a vivere
in Asia, [passare] _____ tutta la mia vita in Asia.
[passare] _____ 30 anni in Asia a fare il giornalista di guerra e di disastri.
Io non sono un giornalista italiano io, per 30 anni, [essere] _____ un giornalista
tedesco. In Italia, nessuno mi dava lavoro. Dicevano: "Ah bravo Terzani, sai il cinese, vai... vai..."
Nessuno mi [offrire] _____ mai un lavoro. Poi siccome [parlare]
_____ tedesco, francese e inglese, [fare] _____ il giro di tutta
l'Europa, [andare] _____ da tutti i giornali e a Amburgo, in Germania, mi [dare]
_____ il primo contratto.

[T. Terzani, *La fine è il mio inizio*, Longanesi, Milano 2006]

*Scuola Normale di Pisa: prestigiosa università a cui si può accedere solo attraverso borse di studio per merito.

3 passato prossimo o imperfetto?

28. Completa con il passato prossimo o l'imperfetto dei verbi e le espressioni di tempo indicati.

PASSATO PROSSIMO E IMPERFETTO NELLA CRONACA DI UN EVENTO

~~scegliere~~ | partecipare | avere | nascere | volere | andare
da circa quattro anni | ~~per il mese di febbraio~~ | di settimana in settimana | non... più | ancora

LA MESSA È FINITA, APERITIVO PER TUTTI: IL PARROCO DIVENTA BARMAN

"Tutti in sagrestia per l'aperitivo". Lo speciale aperitivo è organizzato da due parroci molto giovani, don Mauro, 34 anni, e don Rolando, 37, e nonostante la forte base religiosa, ha molto a che vedere anche con un normalissimo momento di festa a base di cocktail e chiacchiere. Al tavolo dei drink c'è addirittura un barman di professione che, *per il mese di febbraio*, *ha scelto* un cocktail a tema invernale, il *New Moscow Mule*. L'abbinamento aperitivo e religione: _____ è _____ qualcosa di nuovo. Uno degli esperimenti più interessanti _____ a Palermo dove, _____ il parroco organizza delle vere e proprie "aperimesse". Don Fabrizio Fiorentino _____ questa formula per portare dei momenti di vita e aggregazione all'interno della parrocchia. Nonostante lo scetticismo di alcuni concittadini, i suoi dopo-messa a base di drink, buona musica e balli al ritmo di samba e bossanova _____ il risultato sperato: _____ sempre più fedeli _____ alle sue funzioni e agli incontri subito successivi (anche i fedeli che ormai non _____ più a messa. E ce ne saranno _____.

[repubblica.it]

29. Completa la poesia coniugando al passato prossimo i verbi indicati. Poi <u>sottolinea</u> gli imperfetti e per ognuno scrivi a fianco l'infinito corrispondente.

PASSATO PROSSIMO E IMPERFETTO NELLA POESIA

Dino Campana, poeta toscano, ha vissuto tra il XIX e il XX secolo. Nella poesia l'uso dell'imperfetto permette di ottenere effetti di vaghezza impressionistica, sospendendo le azioni in un tempo indefinito mentre il passato prossimo individua istanti della memoria.

In un momento

In un momento
[*sfiorire*] _____ le rose _____
I petali caduti _____
Perché io non potevo dimenticare le rose _____
Le cercavamo insieme _____
[noi, *trovare*] _____ delle rose _____
Erano le sue rose erano le mie rose _____
Questo viaggio chiamavamo amore _____
Con il nostro sangue e con le nostre lacrime facevamo le rose _____
Che brillavano un momento con il sole del mattino _____
Le abbiamo sfiorite* sotto il sole tra i rovi _____
Le rose che non erano le nostre rose _____
Le mie rose le sue rose _____
P.S. E così dimenticammo le rose.

Per Sibilla Aleramo _____

[Dino Campana, *Taccuino* (a cura di Franco Matacotta), Edizioni Amici della poesia, Fermo 1949]

* Uso transitivo, in funzione poetica, del verbo *sfiorire*, abitualmente intransitivo.

passato prossimo o imperfetto? 3

30. Sei il Sindaco di Vettolini, piccola e immaginaria città italiana. Devi scrivere un discorso ai cittadini, parlando dei risultati del tuo lavoro, che è cominciato nel 2014. Guarda i dati e completa il tuo discorso. Cerca di essere convincente se vuoi essere rieletto!

PASSATO PROSSIMO E IMPERFETTO NEL DISCORSO PUBBLICO

PRIMA DEL 2014	ORA
Una biblioteca pubblica	Due biblioteche pubbliche
2013: cinque furti	Quest'anno: due furti
No pannelli solari	Pannelli solari sui tetti delle scuole
Poco spazio per il verde pubblico	Orto botanico e tre nuovi parchi pubblici
Una pista ciclabile	Sei piste ciclabili
Le auto possono entrare in centro anche il fine settimana	Accesso ridotto al centro per le auto il fine settimana
No raccolta differenziata	Raccolta differenziata in tutti i quartieri
Cinque nuovi nati all'anno	2017: 20 nuovi nati

Cari concittadini,
voglio parlarvi degli splendidi risultati che, come Sindaco, ho ottenuto per la nostra città.

Oggi abbiamo ben due biblioteche pubbliche dove i lettori possono trovare i libri da prendere in prestito, prima _avevamo_ solo una biblioteca pubblica dove i lettori potevano trovare i libri da prendere in prestito.

Pochi furti nelle case della nostra città quest'anno: appena due.
Nel 2013, invece, _____

I pannelli solari ora sono presenti sui tetti delle scuole.
Prima _____

A Vettolini ora ci sono un orto botanico e tre nuovi parchi pubblici.
Fino all'anno scorso _____

Oggi la nostra città ha sei piste ciclabili.
Prima del 2014, al contrario, _____

Ora le auto non possono entrare nel centro storico il fine settimana.
Nel 2013 _____

Oggi il Comune impone la raccolta differenziata obbligatoria in città.
Prima il Comune non _____

Prima dell'inizio del mio incarico eravamo una città che stava morendo: erano appena cinque i nuovi nati ogni anno.
Oggi invece le cose sono cambiate, pensate che nel 2017 _____

Per tutti questi motivi, cari concittadini, votatemi alle prossime elezioni!

Il Sindaco, Simone La Volpe

3 passato prossimo o imperfetto?

31. Ti hanno chiesto di fare da *testimonial* di alcuni prodotti commerciali. Completa i brevi testi aiutandoti con i dati che ti vengono indicati. `PASSATO PROSSIMO E IMPERFETTO NELLA PUBBLICITÀ`

1
Con le scarpe BINDA cammino comodamente per tutta la città!
PRIMA: piedi | [*fare*] male | quando [*camminare*] a lungo
POI: [*provare*] | negozio del centro della città
ORA: [*indossare*] sempre

Prima i piedi mi facevano sempre male quando camminavo a lungo, poi ho provato le scarpe Binda in un negozio del centro della città e ora le indosso sempre.

2
Il tè RIFELLO è il migliore: è buono e aiuta la digestione!
PRIMA: [*avere*] mal di pancia | una volta alla settimana
POI: amica [*consigliare*]
ORA: [*sentirsi*] bene

3
Pane integrale SNELLINA, la forma si avvicina.
PRIMA: [*mangiare*] sempre molto pane | e [*ingrassare*]
POI: [*parlare*] con mia zia | [*trovare*] una soluzione
ORA: [*essere*] in forma

4
Balsamo CAPELLI VIVI, il prodotto adatto a ogni tipo di capello
PRIMA: [*perdere*] i capelli
POI: [*comprare*] un nuovo prodotto
ORA: [*avere*] capelli lisci e lucenti

5
Per vedere il sole ogni giorno, lenti a contatto VEDOCHIARO!
PRIMA: [*vedere*] poco e male
POI: mio fratello [*suggerire*] di provare una nuova marca di lenti a contatto
ORA: i miei occhi [*vedere*] benissimo

6
Crema BIJOU e nessuno ti resiste più!
PRIMA: [*avere*] la pelle secca
POI: [*andare*] in fiera | [*provare*] crema | pelle morbida
ORA: [*usare*] tutti i giorni

passato prossimo o imperfetto? 3

32. Completa con i verbi indicati.

PASSATO PROSSIMO E IMPERFETTO NELL'INTERVISTA

PASSATO PROSSIMO: siamo riusciti | ho risposto | ho preso | ha detto (x 2) | hai preso | ci sono state

IMPERFETTO: ~~ero~~ | avevo | si giocava | sapeva | era (x 2) | esistevano | c'era | giocavo | aspettavo | aveva | lavorava | citava | comportava | c'erano

ZOFF, I 75 ANNI DI UN MITO:
"IO UN PERFEZIONISTA CHE NON HA MAI CERCATO SCUSE"

Intervista al grande portiere in occasione del suo compleanno:
dalle memorie di bambino in Friuli e della famiglia contadina.

• Dino Zoff, lei è nato il 28 febbraio 1942 a Mariano del Friuli. Com'era da bambino?

■ _Ero_ un bambino normale di quei tempi, _____ la possibilità di giocare sempre. Negli anni Cinquanta non _____ pericoli nei paesi, _____ dappertutto, anche nei campi.

• Quali ricordi ha dei suoi genitori?

■ La mia _____ una famiglia contadina, che _____ la terra con tutta la fatica che questo _____. In altre parole non _____ scuse, mi è stato trasmesso il senso della responsabilità.

Dino Zoff solleva la Coppa del mondo vinta ai mondiali di calcio in Spagna (1982)

• Che rapporto ha con la sua carriera di calciatore?

■ Ho un rapporto di contrasto. Tutta la mia vita è in una frase di mio padre. Quando _____ con il Napoli, una volta _____ un gol e lui mi _____: "Come mai quel gol?". Gli _____ che non me lo _____. E lui _____ "Ma perché, tu cosa fai, il farmacista?" È una sintesi dell'atmosfera che _____ a casa mia: l'impossibilità di trovare scuse.

Vincenzo Bearzot (1927-2010) è stato un allenatore di calcio e calciatore italiano. Ha guidato la nazionale italiana durante il campionato mondiale di calcio in Spagna, vinto dagli Azzurri.

• Parliamo dei mondiali di Argentina e Spagna. Quali sono state le differenze, risultato finale a parte?

■ Differenze direi poche: _____ tante critiche in entrambe le occasioni. Si era creato contrasto soprattutto con Bearzot, perché era uno che portava avanti le sue idee con determinazione. Però lui _____ l'unica visione che serve per vincere: idee e convinzioni. Inoltre Bearzot era un uomo di cultura: quando qualcuno _____ una frase in latino, se sbagliata lui la _____ correggere. _____ a vincere per questa forza.

[repubblica.it]

3 passato prossimo o imperfetto?

33. La storia di un tradimento. Riordina la conversazione tra Lea e Leo.

PASSATO PROSSIMO E IMPERFETTO SU WHATSAPP

WhatsApp

1 **LEA** Amore, poi alla fine che hai fatto ieri sera? 🖤

LEO Verdure al forno. ☐

☐ **LEA** Direi proprio di sì!!! 😠

LEO Non ne ho idea, come posso saperlo? ☐

☐ **LEA** Che gioco?

☐ **LEA** Che gioco pericoloso!

LEO Perché pericoloso? Tu non lo faresti? ☐

LEO Certo amore, quello che mi hai portato tu dalla Sardegna. Poi, dopo cena, ho guardato un film. ☐

☐ **LEA** Che film?

☐ **LEA** Che cosa hai mangiato?

LEO Io sì, non ho nulla da nascondere 😎 ☐

LEO Quello di mettere sul tavolo i cellulari e condividere messaggi e telefonate. 😨 ☐

☐ **LEA** Hai anche bevuto un po' di vino?

LEO Niente di che, sono rimasto a casa. Ho cucinato... ☐

☐ **LEA** Uhmm, sai allora chi poteva essere ieri sera quell'uomo che è uscito con la mia migliore amica, che l'ha portata fuori a cena, e che poi è andato al cinema a vedere *Perfetti sconosciuti*? Perché siccome il mio ragazzo non aveva voglia di uscire, al cinema ieri sera ci sono andata anch'io e quel ragazzo mi sembrava di conoscerlo, anche se l'ho visto solo per un attimo... 😱😠

LEO Non mi ricordo il titolo, ma parlava di un gruppo di amici che si incontrano e decidono di fare un gioco. ☐

☐ **LEA** Io no, non lo farei. E tu?

LEO Ah... Chi era? Lo conosco? ☐

passato prossimo o imperfetto? 3

34. Leggi il retro di copertina del libro *L'Orda, quando gli albanesi eravamo noi* di Gian Antonio Stella e decidi se le affermazioni che seguono sono vere (V) o false (F).

PASSATO PROSSIMO E IMPERFETTO IN UN SAGGIO STORICO

"Volevamo braccia, sono arrivati uomini"
(Max Frisch)

Quando gli "albanesi" eravamo noi, espatriavamo illegalmente a centinaia di migliaia, ci maltrattavano come ladri sui posti di lavoro, ci accusavano di essere tutti mafiosi e criminali. Quando gli "albanesi" eravamo noi, vendevamo i nostri bambini per la strada, seminavamo il terrore tra la gente ammazzando capi di stato e poveri passanti ed eravamo così sporchi che non potevamo entrare nemmeno nella sala d'aspetto della terza classe. Quando gli "albanesi" eravamo noi, avevamo sulle spalle il peso di secoli di fame, ignoranza, stereotipi offensivi.
Quando gli "albanesi" eravamo noi, era solo ieri.

Gian Antonio Stella (1953) è un noto giornalista italiano, inviato del Corriere della Sera.

In questa ricostruzione di **Gian Antonio Stella**, ricca di fatti, personaggi, avventure, documenti, storie sconosciute, ridicole o sconvolgenti, c'è finalmente l'altra faccia della grande emigrazione italiana. Quella che meglio dovremmo conoscere proprio per capire, rispettare e amare ancora di più i nostri nonni, padri, madri e sorelle che sono partiti. Quella che abbiamo rimosso per ricordare solo gli "zii d'America" arricchiti e vincenti. Una scelta fatta per raccontare a noi stessi, in questi anni di confronto con le onde di immigrati in Italia e di razzismo, che quando eravamo noi gli immigrati degli altri, eravamo "diversi". Eravamo più amati. Eravamo "migliori". Non è esattamente così.

[G.A. Stella, *L'orda, quando gli albanesi eravamo noi*, BUR, Milano 2002]

1. Gian Antonio Stella racconta l'emigrazione italiana. ☒ F
2. Gli italiani non emigravano illegalmente. V F
3. Al lavoro gli italiani erano trattati bene. V F
4. Le persone nei Paesi di emigrazione consideravano gli italiani tutti mafiosi. V F
5. La gente aveva paura di loro. V F
6. Gli italiani erano sempre ben vestiti e puliti. V F
7. Conoscere l'emigrazione italiana ci fa amare di più i nostri parenti che sono partiti. V F
8. Non dobbiamo ricordare solo gli zii e i nonni che in America sono diventati ricchi. V F
9. In Italia non c'è razzismo. V F
10. Gli emigrati italiani erano diversi dagli immigrati che arrivano in Italia ora. V F

3 passato prossimo o imperfetto?

35. Leggi il testo sulle abitudini alimentari di Pimpa, Ester, Lina e Nella quando erano piccole e rispondi alle domande.

PASSATO PROSSIMO E IMPERFETTO NEL RACCONTO DELLE ABITUDINI

Come mangiavi da bambina? Che cosa ti piaceva? Che cosa non ti piaceva?

PIMPA Non ho molti ricordi di come mangiavo quando ero piccola, ma ricordo i sapori e i profumi di ciò che mangiavo i primi anni di asilo: minestrine e pastasciutte deliziose, con un sapore che non ho mai più gustato così, mentre, come secondo, ho il ricordo della bistecchina al burro che mi piace tantissimo ancora adesso. Mio padre è sempre stato un gran mangiatore di carne, quindi a casa mia non mancava mai né a pranzo né a cena. Anche il primo non è mai mancato, nel senso che i piatti unici (a parte la pizza) non esistevano per i miei genitori.

ESTER Fin da bambina il pesce è stato mio nemico, mangiavo solo calamari, gamberi, polpo, tutto ciò che aveva spine lo rifiutavo e continuo a farlo. Un'altra cosa che ho sempre detestato sono i fagioli che ancora oggi non mangio (ma non chiedetemi perché), non mi piacevano gli spaghetti con le olive nere e i capperi, ma oggi li mangio. Mi sono sempre piaciuti il latte e lo yogurt, le uova in tutti i modi, alla coque, sode, fritte, strapazzate, col pomodoro... ogni ricetta era buona.

LINA Da bambina sono stata molto fortunata, ho avuto un papà innamorato della cucina e una mamma che ha sempre variato il menu. Brodo di carne quasi tutte le sere alternato con la minestra di pomodoro o il minestrone: mio padre voleva sempre una zuppa o una minestra, aveva la mania però di volere poca pastina in quella in brodo. Una sera mi sono rifiutata perché avevo voglia di pizza e non di minestrina e... zac... a letto senza cena, ho pianto tanto.

NELLA Non ero affatto di gusti difficili, come tutti i bambini non gradivo i sapori "forti", comunque mi adeguavo... La cosa che più ha lasciato il segno in senso negativo sono gli spaghetti: ho odiato gli spaghetti! Mio padre, invece, li amava, così mangiavamo spaghetti in sugo, in bianco, in verde, mancavano solo nel caffelatte al mattino. Quando sono uscita di casa, non li ho mangiati per anni!

1. Quali sono i ricordi dei primi anni di asilo di Pimpa?

2. Che cosa non mancava mai a casa di Pimpa?

3. Che cosa ha sempre detestato Ester?

4. Che cosa è sempre piaciuto a Ester?

5. Perché Lina è sempre stata molto fortunata?

6. Che cosa voleva il padre di Lina tutte le sere?

7. Che cosa è successo una sera quando Lina non ha voluto mangiare la minestrina?

8. Come erano i gusti di Nella da bambina?

9. Che cosa odiava Nella?

10. Nella e suo padre avevano gli stessi gusti?

passato prossimo o imperfetto? 3

36. Alla ricerca di un lavoro. Svolgi le attività indicate.

PASSATO PROSSIMO E IMPERFETTO NELLA RICERCA DI LAVORO

a. Ogni anno nascono nuove professioni e molte altre non esistono più, perlomeno in Italia. Leggi le descrizioni delle professioni e indica a quale foto si riferiscono.

1. La lavandaia lavava i panni nei corsi d'acqua. ☐
2. La mondina raccoglieva il riso nelle risaie. ☐
3. Il lustrascarpe lucidava le scarpe ai passanti, per strada. ☐

a

b

c

b. Leggi il dialogo e completalo con il passato prossimo o l'imperfetto dei verbi indicati.

● Ciao Tania, come stai?
■ Ciao Gaia, sto bene grazie.
● [sapere] _____Ho saputo_____ da tua madre che stai cercando un nuovo lavoro.
■ Sì, è vero. Non è facile sai: all'università [studiare] _____ Scienze della comunicazione interculturale, poi [fare]_____ alcuni stage e [collaborare] _____ brevemente con alcune aziende nel settore della comunicazione. Ora però vorrei trovare un lavoro stabile.
● Ma tu conosci le lingue, vero? È una cosa importante per il lavoro.
■ È vero: [seguire]_____ corsi di inglese, francese e tedesco all'università. Al terzo anno, mentre i miei compagni [preparare]_____ la tesi di laurea, io [trasferirsi]_____ per alcuni mesi in Cina e così [imparare]_____ il cinese e [prendere]_____ la laurea l'anno successivo.
● Brava! Non avrai difficoltà a trovare un lavoro, vedrai... In che campo ti piacerebbe lavorare?
■ Beh, mi piacerebbe lavorare nel campo della comunicazione o del marketing.
● Perché ti interessa?
■ Beh... penso che la comunicazione sia fondamentale, sia in azienda sia a livello personale. Io utilizzo molto la creatività, soprattutto per affrontare i problemi quotidiani.
● Senti, ieri, mentre [camminare]_____ in via Pisacane, [notare]_____ alcuni annunci di lavoro nell'agenzia *Lavoro super*.
■ Ma dai! Più tardi ho un appuntamento proprio da quelle parti...
● Allora, vai a dare un'occhiata!
■ Certo! Grazie Gaia.

3 passato prossimo o imperfetto?

un passo in più: l'imperfetto e il passato prossimo in differenti tipi di testo

c. Leggi l'offerta di lavoro e rispondi alla domanda.

OFFERTA DI LAVORO

Service Sales Engineer Thermal

SEDE PRINCIPALE
Italia, Lombardia, Milano

FUNZIONE
Vendite

**Stiamo cercando un Service sales engineer
per il mercato italiano (area nord-ovest) per la divisione Thermal Management.**

La risorsa si occuperà di:
> seguire le vendite per l'area geografica assegnata
> rispettare i piani produttivi, gli obiettivi a lungo termine e di soddisfazione del cliente
> interagire attivamente con la Direzione

ATTIVITÀ PRINCIPALI
> gestire attivamente e sviluppare la rete clienti della regione assegnata
> fornire report settimanali/mensili di vendite, previsioni di vendita
> effettuare visite periodiche ai clienti italiani ed esteri

REQUISITI RICHIESTI
> laurea o diploma
> competenze linguistiche: indispensabile ottimo inglese; titolo preferenziale: conoscenza di altre lingue
> competenze su strategie e tattiche di vendita e negoziazione commerciali
> esperienza commerciale in grandi aziende
> capacità di comunicazione, abilità relazionali

ATTITUDINI
> capacità di problem solving
> capacità di operare in modo autonomo e come membro del team, auto-disciplina
> capacità di lavorare sotto pressione e in un ambiente multiculturale
> capacità di vendita e di attenzione al cliente

Pensi che questa offerta di lavoro possa interessare Tania?

No, perché | Sì, perché _____

_____

_____

passato prossimo o imperfetto? 3

d. Leggi la lettera che Tania scrive alla Service Sales Engineer Thermal, completala con il passato prossimo o l'imperfetto dei verbi indicati (in quattro casi puoi usare indifferentemente i due tempi). Infine, scegli un titolo per ogni capoverso tra quelli indicati e scrivilo nello spazio corretto.

Altre esperienze lavorative | Posizione e responsabilità | Esperienze all'estero
Studi | Esperienze di lavoro | ~~Obiettivo~~

CANDIDATURA PER OFFERTA DI LAVORO

Tania Natalini
via del Chiù, 1 - Bologna
Cell: 332 46 98 551

Data: 30 settembre 2017
Oggetto: candidatura per Service sales engineer
Gentile Dott. Rossi,

| Obiettivo |

[io, *leggere*] __ho letto__ il vostro annuncio per la posizione di Service sales engineer ed è con estremo interesse che invio la mia candidatura perché mi ritengo idonea a ricoprire questo incarico.

| |

Infatti [*maturare*] _____ esperienze nell'organizzazione di eventi in un'agenzia di comunicazione che si chiama *Strategie*, che mi [*permettere*] _____ di lavorare con la Solvay e la Nike. In *Strategie* [*avere*] _____ il ruolo di responsabile per la comunicazione e [*svolgere*] _____ la mia attività a stretto contatto con la Direzione commerciale, proponendo, nell'ambito delle strategie aziendali, idee pubblicitarie e indicando gli strumenti necessari per la loro realizzazione.

| |

[*gestire*] _____ gruppi di lavoro formati da tre a sei risorse e [*collaborare*] _____ non solo con l'*head of marketing* inglese, ma con tutti i responsabili e i *team marketing* degli altri paesi.

| |

[*avere*] _____ inoltre varie esperienze nel settore della comunicazione: [*lavorare*] _____ a Radio Mia dove attualmente sono stagista come giornalista: scrivo notizie e collaboro a una rubrica di approfondimento su temi economici.

| |

[*diplomarsi*] _____ al liceo linguistico Alessandro Manzoni di Rieti. Ho una laurea triennale in Scienze della comunicazione interculturale. Ho un'ottima conoscenza dell'inglese, del francese e del tedesco. Conosco bene la lingua e la cultura cinese, avendo vissuto per alcuni mesi in Cina.

| |

[*fare*] _____ molte esperienze all'estero e sono pronta e preparata a lavorare in un ambiente multiculturale. Ho inoltre buone capacità relazionali che [*acquisire*] _____ nelle mie esperienze di insegnamento a bambini, giovani adulti e adulti nel lavoro in azienda a contatto con il pubblico.

Allego Curriculum Vitae.

In attesa di un cortese riscontro, La ringrazio per l'attenzione che mi ha dedicato.
Un cordiale saluto,
Tania Natalini

3 passato prossimo o imperfetto?

37. Leggi il testo tratto dal libro *Accabadora* di Michela Murgia e <u>sottolinea</u> il tempo verbale corretto tra quelli proposti.

`PASSATO PROSSIMO E IMPERFETTO NELLA LETTERATURA`

MICHELA MURGIA (1972) è una scrittrice italiana. *Accabadora* è uno dei suoi romanzi più famosi. Ambientato in Sardegna negli anni Cinquanta, racconta la storia di Bonaria, un'anziana vedova e sarta esperta, e di Maria, una bambina orfana.
Nel brano seguente Maria parla con l'amico Andrìa, da sempre innamorato di lei.

"Tu mi sposerai, Maria?"
"Se stai dicendo sul serio, la risposta è no. Non sposerei te per lo stesso motivo per cui non sposerei mia sorella Regina."
È stato | *Era* evidente che non lo *prendeva* | *ha preso* sul serio, e anche questo per Andrìa *era* | *è stato* familiare. Fastidiosamente familiare.
"*Capivo* | *Ho capito*. E sono veramente un fesso. Tu mi vedi davvero come vedi tua sorella, come uno che non è nemmeno un maschio…"
"Stai infilando una sciocchezza dietro l'altra, Andrìa, non ti *ho mai sentito* | *sentivo mai* sragionare così…"
"No, invece non *capivo mai* | *ho mai capito* le cose bene come adesso. Sei tu che non capisci, e non *hai mai capito* | *capivi mai* cosa *ho sentito* | *sentivo* io per te."
Maria era caduta in un profondo imbarazzo. La sofferenza dell'amico *è stata* | *era* evidente.
[…]
"Quando mai ti *facevo* | *ho fatto* credere di amarti…"
"È perché io non *studiavo* | *ho studiato*? Perché *mi sono fermato* | *mi fermavo* alle elementari?"
"No, cosa c'entra…"
"Invece c'entra, secondo me. Maestra Luciana ti ha sempre detto che *eri* | *sei stata* intelligente, che avresti fatto strada, che ti *sei meritata* | *meritavi* questo e quello…"
"Andrìa, sono una sarta. Non andrò promessa sposa al principe di Galles. Io valgo come te."

[M. Murgia, *Accabadora*, Einaudi, Torino 2014]

38. *In altre parole* di Jhumpa Lahiri. Svolgi le attività indicate.

`PASSATO PROSSIMO E IMPERFETTO… IN CONCLUSIONE`

a. Leggi lo strano caso di Jhumpa Lahiri, scrittrice statunitense di origine indiana che sceglie di scrivere in italiano. Completa il testo con l'imperfetto o il passato prossimo dei verbi indicati.

JHUMPA LAHIRI: "**L'italiano** [*essere*] _____ **una salvezza.**"
La passione l'[*portare*] _____ a studiare la nostra lingua per vent'anni in America, prima di trasferirsi a Roma con la famiglia e arrivare a scrivere in italiano il suo ultimo libro, *In altre parole*: un viaggio dentro la passione fra la scrittrice e la sua nuova lingua ma anche una riflessione sull'identità e la letteratura.
"Per me l'italiano [*essere*] _____ una salvezza, un luogo tutto mio, che [*scegliere*] _____, la conclusione di un triangolo che da una parte [*vedere*] _____ il bengalese, la lingua della mia famiglia, quella che si [*parlare*] _____ a casa, e dall'altro l'inglese, la lingua della scuola e dell'istruzione. Due idiomi che [*io, vivere*] _____ ma che in qualche senso non mi [*appartenere*] _____ mai davvero tanto quanto questa nuova lingua."

[repubblica.it]

passato prossimo o imperfetto? 3

b. Leggi un brano tratto dal libro *In altre parole* di Jhumpa Lahiri e completalo con le espressioni indicate. Il libro si compone di racconti, quello che segue è un brano che proviene da un racconto intitolato *L'imperfetto*.

siamo stati bene | è stata una bella serata | la chiave era sul tavolo | sono stata sempre confusa
è stato difficile | era una bella serata | non mi diceva mai | c'era scritto

So che non è possibile conoscere una lingua straniera alla perfezione. Non a caso, ciò che mi confonde di più in italiano è l'uso dell'imperfetto e del passato prossimo. Quando devo scegliere tra l'uno e l'altro, non so quale sia quello giusto. [...]
È solo a Roma, quando comincio a parlare italiano ogni giorno, che mi rendo conto di questo scoglio. Dico "c'è stato scritto" quando si dice "___c'era scritto___". Dico "era difficile", quando si dice "_____". Mi confondo soprattutto tra "era" ed "è stato", due facce del verbo *essere*, quello fondamentale. [...]
Per aiutarmi il mio insegnante mi dà qualche immagine: lo sfondo rispetto all'azione centrale. La cornice rispetto al quadro. Una linea dritta anziché sinuosa. Una situazione anziché un fatto. Si dice "_____". In questo caso è una linea sinuosa, una situazione. Ma a me sembra anche un fatto, il fatto che la chiave fosse sul tavolo. Si dice "_____". Qui abbiamo la linea dritta, una condizione con un sapore definitivo. Eppure a me sembra anche una situazione. [...]
Alla ricerca di qualche indizio, noto che con gli avverbi *sempre* e *mai* si usa spesso il passato prossimo: "_____", per esempio. [...]
Credo di aver scoperto una chiave importante, magari una regola. Poi, sfogliando *È stato così* di Natalia Ginzburg – un titolo che fornisce un altro esempio del problema –, leggo:
"_____ che era innamorato di me... Francesca aveva sempre tante cose da raccontare...". Nessuna regola, solo ancora più confusione. Alla fine imparo solo una cosa: dipende dal contesto, dall'intenzione. Ormai, la differenza tra l'imperfetto e il passato prossimo mi dà un po' meno fastidio. So che alla fine di una cena si dice "_____", ma che "_____ fino a quando non è piovuto". [...]
Capisco che l'imperfetto si riferisce a una specie di preambolo, un'azione aperta, senza confini, senza inizio o termine. Un'azione sospesa anziché contenuta, inchiodata al passato. Capisco che il rapporto tra l'imperfetto e il passato prossimo è un sistema, complesso e preciso, per rendere più tangibile, più vivido, il tempo già trascorso. [...] Inutile dire che questo blocco mi fa sentire, appunto, molto imperfetta.

[J. Lahiri, *In altre parole*, Guanda, Milano 2015]

c. Decidi se le affermazioni che seguono sono vere (V) o false (F).

1. Per Jhumpa Lahiri la differenza tra imperfetto e passato prossimo è facile.   V   **F**
2. Non si confonde mai tra *era* ed *è stato*.   V   F
3. L'imperfetto è lo sfondo.   V   F
4. Il passato prossimo è l'azione centrale.   V   F
5. L'imperfetto è un fatto.   V   F
6. Il passato prossimo è una situazione.   V   F
7. Con gli avverbi *sempre* e *mai* si usa sempre il passato prossimo.   V   F
8. La vera differenza tra imperfetto e passato prossimo è nel contesto e nell'intenzione di chi parla.   V   F
9. Alla fine di una cena si può dire "è stata una bella serata".   V   F
10. La frase "era una bella serata fino a che non è piovuto" è sbagliata.   V   F

3 passato prossimo o imperfetto?

1. Leggi le informazioni e completa le frasi con il passato prossimo o l'imperfetto dei verbi e le parole indicati.

Garibaldi nasce a Nizza. Ha due fratelli maggiori.
1807

Partecipa alla rivolta di Genova.
1834

Incontra Anita, sua futura moglie, a Venezia.
1839

Guida la spedizione dei Mille per unificare l'Italia.
1860

fratelli | Italia | Nizza | Genova | moglie

1. Garibaldi [*nascere*] _____ a _____.
2. [*essere*] _____ il terzo di tre _____.
3. Nel 1834 [*partecipare*] _____ alla rivolta di _____.
4. Nel 1839, mentre [*trovarsi*] _____ a Venezia, ha incontrato Anita, sua futura _____.
5. Nel 1860 [*guidare*] _____ la spedizione dei Mille per unificare l' _____.

(0,5 punti a risposta) PUNTI _____ / 5

2. Completa le frasi con il passato prossimo o l'imperfetto dei verbi indicati.

1. Tanto tempo fa in questa strada [*esserci*] _____ un cinema, poi al suo posto [loro, *costruire*] _____ un supermercato.
2. [tu, *finire*] _____ di preparare gli antipasti per stasera? [tu, *cucinare*] _____ per quattro ore!
3. Per molti anni [*abitare*] _____ in Cina, poi mi sono trasferita in Indonesia per lavoro.
4. Di domenica [noi, *andare*] _____ sempre a pranzo dai miei suoceri, poi ci siamo separati.
5. Per un po' ieri [*piovere*] _____ a dirotto.
6. L'altro giorno c'era il sole e poi improvvisamente [*iniziare*] _____ a diluviare.
7. Era tutto bianco e [*nevicare*] _____, ma in casa davanti al camino stavamo benissimo.
8. Nel 2008 Marco [*laurearsi*] _____ con il massimo dei voti.
9. Mentre [loro, *pulire*] _____ la cucina, i vicini [*bussare*] _____ alla porta.
10. Dato che [*essere*] _____ tardi, [noi, *fermarsi*] _____ a dormire in albergo.

(0,5 punti a risposta) PUNTI _____ / 7

passato prossimo o imperfetto? 3

VERIFICA

3. Sottolinea il tempo verbale corretto tra quelli proposti.

1. Domenica *ho fatto* | *facevo* giardinaggio e mi *divertivo* | *sono divertito* un sacco.
2. Quando vivevano in campagna, tutte le domeniche *facevano* | *hanno fatto* giardinaggio.
3. *Avete comprato* | *Compravate* casa in marzo e *la vendevate* | *l'avete venduta* in agosto?! Siete pazzi!
4. Soltanto un anno, nel 2008, *vivevo* | *ho vissuto* in Perù; poi, dal 2009 al 2012, *giravo* | *ho girato* un po' dappertutto in Sud America.
5. Mentre ti *ho guardato* | *guardavo* dormire, *hai aperto* | *aprivi* gli occhi e mi hai baciato.
6. *Eravamo* | *Siamo stati* stanchissimi e *dormivamo* | *abbiamo dormito* da mezzanotte alle 10 di mattina.
7. *Abbiamo deciso* | *Decidevamo* di andare in Puglia in auto, così *guidavamo* | *abbiamo guidato* per 15 ore!
8. Quanti anni *ha avuto* | *aveva* tuo papà quando *conosceva* | *ha conosciuto* tua mamma? E poi? Dopo quanto tempo *si sposavano* | *si sono sposati*?
9. Ti *aspettavo* | *ho aspettato* per tutta la sera, poi *me ne andavo* | *me ne sono andato*.
10. Lea *si laureava* | *si è laureata* un mese fa e *ha già trovato* | *trovava già* un lavoro che le piace.

(0,5 punti a risposta) PUNTI _____ / 10

4. Completa il testo con il passato prossimo o l'imperfetto dei verbi indicati.

RISOLTO IL MISTERO DELLA MONNA LISA: SECONDO LA SCIENZA È FELICE

Una ricerca dell'Università di Friburgo [*effettuare*] _____ dei test per comprendere lo stato d'animo nascosto dietro il celebre sorriso.

Il quadro è famosissimo e deve molta della sua celebrità anche al sorriso della protagonista, definito enigmatico.
Si tratta ovviamente della Gioconda di Leonardo da Vinci che alcuni ricercatori dell'Università di Friburgo [*analizzare*] _____ di recente, curiosi di stabilire una volta per tutte il tipo di espressione rappresentata dal grande genio toscano. Ebbene, dai test effettuati, non ci sono più dubbi: la Monna Lisa è "felice".
Gli studiosi [*modificare*] _____ gli angoli della bocca della Gioconda e [*creare*] _____ otto immagini con espressioni diverse, più felici o più tristi dell'originale. Infine, [*sottoporre*] _____ più volte le immagini (quelle modificate più l'originale) al giudizio dei numerosi partecipanti ai test.
Conoscendo la storia della Monna Lisa, i ricercatori [*aspettarsi*] _____ di ottenere risultati di difficile interpretazione quando [*mostrare*] _____ l'immagine originale. In realtà, con grande sorpresa, quasi il 100% dei partecipanti [*percepire*] _____ l'espressione della Gioconda originale come felice, il 97% per la precisione.

[repubblica.it]

PUNTI _____ / 8

TOTALE PUNTI _____ / 30

4 altre cose da sapere sul passato prossimo e sull'imperfetto

Altre cose da sapere sul passato prossimo

■ Verbi modali e pronomi

1. I **verbi modali** *potere*, *dovere* e *volere* quando sono seguiti da un infinito nei tempi composti, come il passato prossimo, prendono **l'ausiliare del verbo all'infinito**.

DOVERE
Osvaldo **ha studiato**.	→	il verbo *studiare* ha l'ausiliare *avere*	→	*Osvaldo* **ha dovuto studiare**.
Osvaldo **è andato**.	→	il verbo *andare* ha l'ausiliare *essere*	→	*Osvaldo* **è dovuto andare**.

POTERE
Marta **ha mangiato**. → il verbo *mangiare* ha l'ausiliare *avere* → *Marta* **ha potuto mangiare**.
Marta **è partita**. → il verbo *partire* ha l'ausiliare *essere* → *Marta* **è potuta partire**.

VOLERE
Lea **ha letto**. → il verbo *leggere* ha l'ausiliare *avere* → *Lea* **ha voluto leggere**.
Lea **è arrivata** *presto*. → il verbo *arrivare* ha l'ausiliare *essere* → *Lea* **è voluta arrivare** *presto*.

Tuttavia, quando il verbo all'infinito vuole l'ausiliare *essere*, il verbo modale **può** avere l'ausiliare *avere*. Quindi possiamo sentir dire *ho potuto andare* invece del più corretto *sono potuto andare*.

2. I **verbi modali** nei tempi composti, come il passato prossimo, con i **verbi riflessivi** si comportano così:

- se si usa il **pronome prima** del passato prossimo, l'ausiliare è **essere**.
  <u>Si</u> è voluto fermare a cena.

- se si usa il **pronome dopo** l'infinito, l'ausiliare è **avere**.
  Ha voluto ferma<u>rsi</u> a cena.

La stessa regola vale anche per il **ci locativo**.

- *Sei andata al cinema?*
- ■ *No. Purtroppo ho avuto problemi con la macchina e non* **ho potuto andar<u>ci</u>**. / **<u>ci</u> sono potuta andare**.

3. I **verbi transitivi** (p. 8) insieme ai **pronomi riflessivi** *mi*, *ti*, *ci*, *vi*, *si* possono assumere un significato che non è propriamente riflessivo ma che indica che l'azione illustrata dal verbo è particolarmente **desiderabile** per il soggetto ed è fatta con grande gusto e con piacere. Si chiamano "**riflessivi d'affetto**". In questi casi, l'ausiliare dei tempi composti è sempre **essere** e il verbo si comporta come tutti i verbi riflessivi.

Prima ho bevuto un caffè. → *Prima* **mi sono bevuto** *un caffè: ero stanco!* (ne avevo proprio voglia!)

Ieri sera Mario e Luca hanno visto tre film. → *Ieri sera Mario e Luca* **si sono visti** *tre film!* (il cinema è la loro passione)

altre cose da sapere sul passato prossimo e sull'imperfetto 4

4. Quando il passato prossimo è **preceduto** da un **pronome diretto** (***lo***, ***la***, ***li***, ***le***), il participio passato concorda con l'oggetto. Perciò al femminile singolare e plurale e al maschile plurale cambia la desinenza. Questo avviene anche con i verbi modali.

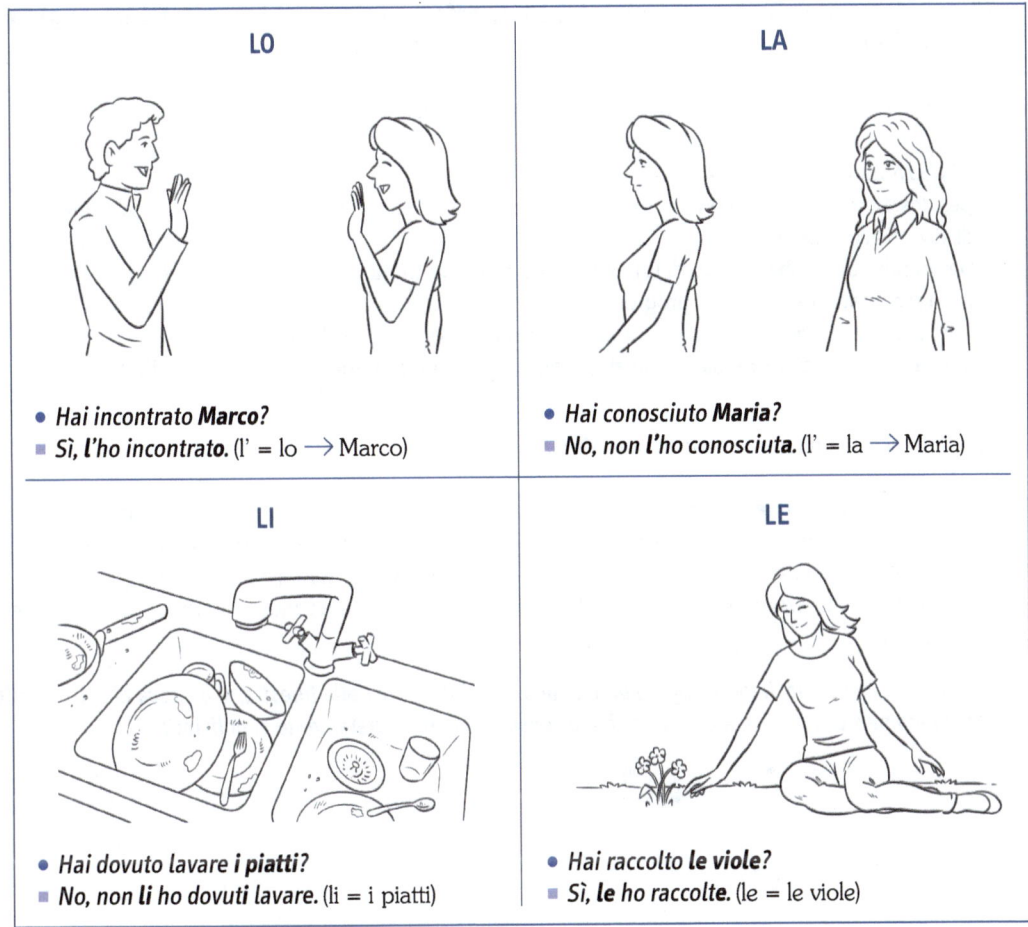

Anche quando il passato prossimo è preceduto dal **ne partitivo**, il participio passato concorda con l'oggetto.

- *Hai letto molti libri ultimamente?*
- *Sì, **ne** ho letti dieci.* (ne = libri)
- *No, **ne** ho letto solo uno.* (ne = libro)

- *Hai conosciuto molte persone alla festa?*
- *Sì, **ne** ho conosciute tantissime.* (ne = persone)
- *No, **ne** ho conosciuta solo una.* (ne = persona)

4 altre cose da sapere sul passato prossimo e sull'imperfetto

Altre cose da sapere sull'imperfetto

■ **L'imperfetto narrativo, l'imperfetto per parlare del futuro nel passato, l'imperfetto di cortesia, l'imperfetto per formulare ipotesi non realizzate, l'imperfetto per fare supposizioni, l'imperfetto per raccontare fatti immaginari, l'imperfetto ludico**

L'imperfetto è un tempo creativo, bizzarro e… imprevedibile.

A p. 30 abbiamo visto che si usa:
- per descrivere una situazione o uno stato, un avvenimento, un luogo, una persona dal punto di vista fisico e psicologico,
- per parlare di un'abitudine o di un'azione che avveniva in modo ripetuto,
- per raccontare un evento in progressione,
- per raccontare azioni continue o ripetute di cui non conosciamo la fine,
- per raccontare azioni parallele che si sovrappongono in un periodo di tempo indefinito.

L'imperfetto si può utilizzare anche in altre situazioni.

1. Nelle **cronache giornalistiche**, nelle cronache sportive e nei resoconti giudiziari l'imperfetto (detto imperfetto "narrativo" o "storico") si può usare per raccontare **eventi e fatti puntuali** che abitualmente si esprimono con il passato prossimo, il passato remoto o il presente storico.
   In questi casi, l'imperfetto si usa per ricostruire la dinamica di fatti e rendere le azioni più coinvolgenti per il lettore.

   *All'arrivo della polizia, il ladro **legava** un lenzuolo alle inferriate della finestra, si **buttava** di sotto e **finiva**, sfortunatamente, in mezzo a una folla che lo **consegnava** immediatamente ai poliziotti.*

2. Nel **parlato informale**, l'imperfetto può indicare un'**azione futura** rispetto al **passato**, mentre nello scritto e nel parlato accurato si usa il condizionale passato.

   *Paolo mi ha detto che **arrivava** più tardi. (= Paolo mi ha detto che sarebbe arrivato più tardi.)*

3. Nel **parlato**, l'imperfetto si può usare per fare una **domanda**, una **richiesta** o esprimere un **desiderio in modo cortese**. In questi casi l'imperfetto si riferisce a eventi presenti o futuri.

   *Scusa, **volevo** sapere che ora è.*

   *Ti **telefonavo** per invitarti a cena.*

   *Professore, La **cercavo** per chiederLe un appuntamento.*

altre cose da sapere sul passato prossimo e sull'imperfetto 4

4. Nel **parlato informale**, l'imperfetto si può usare per **formulare delle ipotesi** non realizzate, mentre nello scritto e nel parlato accurato si usano il congiuntivo trapassato e il condizionale passato.

   *Se **c'era** il sole, **andavo** al mare.* (il sole non c'è stato e quindi non sono andato al mare)
   (=Se ci fosse stato il sole, sarei andato al mare.)

   *Se **vincevo** alla lotteria, **compravo** una casa nuova.* (non ho vinto alla lotteria e quindi non ho comprato una casa nuova)
   (=Se avessi vinto alla lotteria, avrei comprato una casa nuova.)

5. L'imperfetto si può usare per fare delle **supposizioni**, soprattutto con i verbi modali.

   *Ho incontrato Mario, **doveva** essere distratto perché non mi ha salutato.*

   - *A che ora avete mangiato?*
   - *Mah, **potevano** essere le 15.*

6. L'imperfetto si può usare per descrivere un **evento che sarebbe potuto, o dovuto, succedere** o per esprimere un'**intenzione non realizzata**.

   ***Poteva** succedere un incidente guidando a quella velocità.* (ma non è successo)
   *Finalmente sei arrivato! Quasi quasi me ne **andavo**.* (ma sono rimasto)

7. L'imperfetto si usa per raccontare **fatti immaginari** nelle fiabe, nei racconti fantastici o nei sogni.

   ***C'era** una volta un re, che **aveva** tre figli...*
   *Nel sogno **ero** uno strano cigno, **nuotavo** in un freddo lago...*

8. L'imperfetto **ludico** è il tempo che i bambini usano per immaginare e inventare i loro **giochi**.

   *Facciamo che io **ero** la rana e tu la principessa? E poi **mi baciavi** e io **diventavo** un principe?*

4 altre cose da sapere sul passato prossimo e sull'imperfetto

esercizi

1. Completa i dialoghi con il passato prossimo del verbo *dovere*. IL PASSATO PROSSIMO CON I VERBI MODALI

1.
   - Come sta la nonna?
   - Bene, _____ho dovuto_____ accompagnarla alla gara di ballo.
   - Alla gara di ballo?!
   - Sì, e _____ andare a prendere anche il suo fidanzato!

2.
   - Come va con la vostra casa al mare?
   - Purtroppo [noi] _____ venderla!
   - Come mai? Che cosa è successo?
   - [noi] _____ pagare dei vecchi debiti e così abbiamo preso questa decisione.

3.
   - Perché Tino e Silvia non ci hanno raggiunti al mare?
   - Perché _____ rimanere a casa con il cane.
   - Il cane?
   - Sì, _____ vaccinarlo e quindi non potevano andare via.

4.
   - Ti sei divertita ieri in piscina?
   - Non ci sono andata, perché _____ far riparare la macchina.
   - È costato molto?
   - Sì, [io] _____ chiedere un prestito!

5.
   - Come va con la fidanzata?
   - Ah... un disastro, [io] l'_____ lasciare, [noi] ci _____ dire addio.

2. Le terme sono molto di moda in Italia. Nel blog trovi alcuni consigli sulle terme vicino al Lago di Garda. Trova e correggi gli errori nell'uso del passato prossimo del verbo *potere*.
IL PASSATO PROSSIMO CON I VERBI MODALI

Vorrei trascorrere un weekend alle terme di Colà (vicino al Lago di Garda). Ho sentito pareri diversi da amici: chi è potuto godere di una giornata splendida e chi non ha potuto fare molte cose! Qualcuno sa dirmi se in inverno ha potuto raggiungere il lago e se il lago è praticabile o altre informazioni? Costa abbastanza e vorrei sapere se ne vale la pena o conviene andarci in primavera.
Grazie!
Lalu

_____ha potuto_____
_____
_____
_____

Ciao, io abito vicino al Lago di Garda e alle terme di Colà a Lazzise ci vado spesso, ci sono andato la settimana scorsa e ci ho potuto arrivare in giornata. Sono potuto stare nel parco termale perchè è sempre aperto. Calcola che sono potuto fare il bagno perché all'interno ci sono vasche di 38 e 40 gradi. L'unica cosa che sono potuto notare è che, ovviamente, di primo impatto, quando entri un po' di freddino lo senti. Sicuramente è più bello andarci in primavera... E poi sei vicina a tutte le attrazioni che il lago offre. L'albergo della villa è molto bello, ma ha dei prezzi elevati! Io e la mia famiglia abbiamo potuto dormire lì solo perché ce l'hanno regalato! Se hai bisogno di altre info sono a disposizione.
Ciao ciao
Laura

altre cose da sapere sul passato prossimo e sull'imperfetto 4

3. Completa queste pubblicità con il passato prossimo del verbo *volere*.

IL PASSATO PROSSIMO CON I VERBI MODALI

[voi] __Avete voluto__ fare tutto da soli?
_____ prenotare un volo low-cost e poi il volo non è partito?
_____ andare in un albergo sconosciuto, per poi scoprire che l'albergo non esisteva?
_____ risparmiare per poi essere delusi?
Andate in una delle agenzie di viaggio del gruppo **BOOMERANG** e le vostre vacanze saranno più semplici!

[tu] __Hai voluto__ invitare a pranzo la suocera, ma non sai cucinare?
_____ provare a fare il primo risotto della tua vita e si è attaccato alla pentola?
_____ fare una sorpresa a tua moglie e hai rischiato di bruciare la cucina?
_____ stare ore davanti alla tv cercando di imparare ricette da *Master Chef**?

Prova **DALLA NONNA ANNA**, piatti della tradizione bolognese, pasta fatta in casa e tirata a mano dalle nostre sfogline** e tanto altro ancora!

* **Master Chef**: famoso programma televisivo di cucina
** **sfogline**: donne che preparano la pasta fresca a mano

4. Gianni è andato a un colloquio di lavoro e quando esce racconta a un amico com'è andato. Trasforma i verbi sottolineati usando il modale più opportuno tra *volere*, *dovere*, *potere*.

IL PASSATO PROSSIMO CON I VERBI MODALI E I PRONOMI

- Gianni, come è andato il colloquio? <u>Ti sei messo</u> la cravatta?
- Che disagio! Non <u>l'ho tolta</u> fino a ora... E poi non avevo un paio di scarpe decenti e <u>ne ho comprate</u> un paio nuovo.
- E che cosa <u>gli hai raccontato</u>?
- Mah... è successa una cosa un po' strana: nella mail di convocazione al colloquio, il dirigente mi ha chiesto di portare una foto di quando ero piccolo.
- Eh, questo sì che è strano!
- Non <u>ho protestato</u>, ma mi è sembrato un po' insolito e gli ho risposto che non abito a Milano e tutte le foto di me da piccolo sono in Puglia, quindi non <u>gliela ho consegnata</u>.
- E lui?
- Lui non <u>ha sentito</u> ragioni.
- E come hai risolto?
- Mio padre è venuto a Milano e così <u>l'ho portata</u> al direttore due giorni dopo il colloquio.
- E perché ha voluto quella foto?
- Perché l'azienda si occupa di bambini e la politica aziendale è "siamo partiti da lì e siamo arrivati fino a qui". Il dirigente mi ha assunto e quindi ha voluto la mia foto. Come tutti gli altri dipendenti, <u>l'ho attaccata</u> all'ingresso dell'azienda. Non <u>ho detto di no</u>, è il dirigente! E poi... volevo fare una buona impressione e alla fine... mi ha assunto!

Ti sei dovuto mettere | Hai dovuto metterti
_____
_____
_____
_____
_____
_____
_____
_____
_____
_____
_____
_____
_____
_____
_____
_____
_____
_____
_____

4 altre cose da sapere sul passato prossimo e sull'imperfetto

5. Individua la forma verbale sbagliata tra quelle proposte.

IL PASSATO PROSSIMO CON I VERBI MODALI E I PRONOMI

1. • Ti sei dovuta mettere le scarpe con i tacchi alti per la festa di Marina?
   ▪ Certo, era una festa elegantissima e *me le sono dovute mettere* | *ho dovuto mettermele* | ~~*me le ho dovute mettere*~~.
2. • Avete potuto iscrivervi al corso di spagnolo della professoressa Tortosa?
   ▪ No, *non siamo potuti iscriverci* | *non abbiamo potuto iscriverci* | *non ci siamo potuti iscrivere*, perché il termine era già scaduto.
3. Non ho capito perché *avete voluto incontrarvi* | *siete voluti incontrarvi* | *vi siete voluti incontrare* così presto. Ora dobbiamo aspettare almeno 20 minuti!
4. Prima di entrare in piscina gli atleti *si sono dovuti fare* | *hanno dovuto farsi* | *si hanno dovuti fare* la doccia.
5. Francesca e Guido *si hanno potuti abbracciare* | *si sono potuti abbracciare* | *hanno potuto abbracciarsi* ancora una volta prima della partenza.
6. Lucilla è molto vanitosa e *si è voluta specchiare* | *ha voluto specchiarsi* | *è voluta specchiarsi* mille volte prima di uscire per cena.
7. I miei amici sono partiti per il Nepal e *si hanno dovuto comprare* | *hanno dovuto comprarsi* | *si sono dovuti comprare* un sacco a pelo imbottito e un giaccone pesante.
8. Marta e Leo *si sono dovuti sposarsi* | *hanno dovuto sposarsi* | *si sono dovuti sposare* in chiesa perché i genitori di lei sono cattolici e non accettavano l'idea di un matrimonio in Comune.

6. Hai mai giocato a battaglia navale? Sottolinea il verbo corretto tra quelli proposti (in un caso le forme corrette sono due) e affonda la corazzata nemica, colpendo la casella indicata da ogni coppia di risposte. Controlla se ci sei riuscito nelle soluzioni.

IL PASSATO PROSSIMO CON I VERBI MODALI E I PRONOMI

1. Le mie amiche non hanno *potuto* D | *dovuto* C venire alla festa sabato perché avevano un altro impegno. Per questo non le hai *visto* 2 | *viste* 4.
2. • A che ora vi siete *dovuti* B | *potuti* A svegliare per arrivare puntuali al lavoro?
   ▪ Presto, ma ci *siamo fatti* 6 | *abbiamo fatti* 1 ugualmente una bella colazione al bar.
3. Gianni ha perso la mia valigia in aeroporto ed era tanto dispiaciuto che non ho *dovuto* D | *voluto* F rimproverarlo. Tra l'altro il giorno dopo l'ha *ricomprato* 5 | *ricomprata* 2 identica in negozio. Purtroppo non il suo contenuto!
4. Maria ha detto che oggi è stata una giornata da dimenticare: non *ha potuto* C | *ho voluto* E farsi la doccia a casa perché non c'era l'acqua calda ed è *potuta* 2 | *dovuta* 5 venire al lavoro a piedi perché la sua macchina non partiva.
5. Leo e Veronica hanno notato che il loro cane stava male e *hanno dovuto portarlo* E | *sono dovuti portarlo* C | *lo sono dovuti portare* 1 | *lo hanno dovuto portare* 3 dal veterinario. Per fortuna non era niente di serio e ora è già in giardino che gioca.

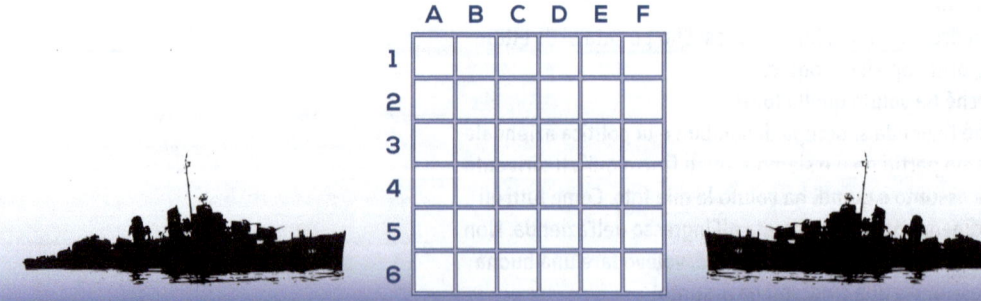

altre cose da sapere sul passato prossimo e sull'imperfetto 4

7. Monica si è stancata del fidanzato e ha deciso di lasciarlo. Leggi il testo e coniuga i verbi al passato prossimo.
IL PASSATO PROSSIMO CON I RIFLESSIVI D'AFFETTO

Care ragazze, oggi [farsi] _mi sono fatta_ un regalo... L'ho mandato a quel paese! Basta! Si offenderà? O non si farà più sentire? Non me ne frega niente... Oggi mi sono dedicata alla persona che amo di più: me stessa. E per festeggiare [aprirsi] _____ una bottiglia di Brunello di Montalcino Riserva che mio padre mi aveva regalato ("per quando ti sposi", diceva), sono andata al cinema da sola (per una volta basta spari e azione), [vedersi] _____ un film romantico, di quelli che adoro, e poi [cucinarsi] _____ una cenetta come dico io: spaghetti allo scoglio, polipo e patate e [prepararsi] _____ anche una torta, proprio come un'occasione da festeggiare. E [mangiarsi] _____ tutto brindando alla mia nuova vita!

8. Sottolinea il participio corretto tra quelli proposti.
IL PASSATO PROSSIMO CON I RIFLESSIVI D'AFFETTO

Ieri ho letto il mio oroscopo e ho deciso di seguire alla lettera le sue indicazioni:
1. Ero stanca e stressata e allora mi sono *aperta* | *prenotata* | *cucinata* un viaggio: una settimana alle Canarie!
2. Non avevo più voglia di fare nulla e allora mi sono *bevuta* | *regalata* | *aperta* una cena al ristorante.
3. Ero triste e stanca della vita e allora mi sono *cenata* | *stappata* | *cucinata* una bottiglia di Barbera!
4. Avevo un guardaroba sempre uguale e fuori moda e quindi mi sono *uscita* | *andata* | *fatta* un giro per i negozi e mi sono *indossata* | *comprata* | *mangiata* un vestito e due paia di scarpe!
5. Non uscivo mai e allora ho telefonato a Gaia e mi sono *bevuta* | *cenata* | *mangiata* un gelato con lei!
6. Non facevo sport e allora mi sono *preparata* | *fatta* | *praticata* una nuotata in piscina e poi mi sono *andata* | *uscita* | *fatta* un giro in bicicletta per il centro!
7. Non andavo mai al cinema e così mi sono *vista* | *fatta* | *presa* un bellissimo film!
8. Non mi volevo abbastanza bene e allora mi sono *aperta* | *preparata* | *regalata* una macchina nuova!
9. Ero paurosa e così mi sono *comperata* | *bevuta* | *tatuata* una rosa sulla mano e un delfino sulla spalla!
10. Poi mi sono *fatta* | *presa* | *preparata* due conti e ho visto che sono rimasta senza un euro!

9. Trasforma le frasi dal presente al passato prossimo: attenzione all'accordo con il participio passato.
IL PASSATO PROSSIMO CON I PRONOMI DIRETTI

1. I gelati? Li finisco subito quando ci sono.
   I gelati? Li ho finiti, se vuoi ho una fetta di torta.
2. Le amiche di Sabina? Le conosco da quando sono piccole, sono simpaticissime.
   _____ domenica scorsa a teatro.
3. Lucia? Sta benissimo, la trovo dimagrita e più serena.
   L'ultima volta _____
4. Le margherite? Le regalo sempre a mia cugina, le adora.
   _____ a mia cugina per il suo compleanno.
5. Le medicine per la nonna? Le prendo ogni giorno in farmacia.
   _____ ieri, perché le servivano.
6. I film di Tarantino? Li vedo spesso a casa, ho tutti i dvd.
   _____ tutti a un festival di cinema all'aperto l'estate scorsa.
7. La lezione di fisica? La seguo con attenzione tutte le mattine all'università.
   _____ con attenzione ieri pomeriggio.
8. Le canzoni di Battiato? Le ascolto quando sono sotto la doccia.
   _____ talmente tanto che le so tutte a memoria.
9. I cd di musica classica? Ne compro almeno un paio al mese!
   _____ un paio anche il mese scorso.

4 altre cose da sapere sul passato prossimo e sull'imperfetto

10. Secondo una classifica realizzata dalla FIFA, questi sono i cinque gol più belli della storia del calcio. Trasforma le frasi usando l'imperfetto ogni volta che ti sembra possibile. Conta i verbi che hai cambiato e vedi se anche tu hai fatto gol. | L'IMPERFETTO NARRATIVO NELLE CRONACHE SPORTIVE |

1. **Diego Armando Maradona (Argentina), 22 giugno 1986, campionato del mondo, Messico 1986, finale contro l'Inghilterra**
   All'inizio del secondo tempo, Héctor Enrique ~~passa~~ la palla a Maradona circa dieci metri all'interno della propria metà campo. Maradona inizia la sua corsa di 60 metri diritto verso la porta inglese, si lascia alle spalle cinque giocatori inglesi e il portiere Shilton, prima di depositare in rete il pallone del 2-0 per l'Argentina.

passava
_____
_____
_____
_____
_____

2. **Michael Owen (Inghilterra), 30 giugno 1998, campionato del mondo, Francia 1998, contro l'Argentina**
   Owen ha scartato due avversari e si è lanciato dritto in porta.

_____
_____

3. **Pelè (Brasile), 29 giugno 1958, campionato del mondo, Svezia 1958, contro la Svezia**
   Al 55°, il futuro *O Rei* ha realizzato un gol spettacolare: ricevuto un assist nell'area svedese, ha stoppato di petto la palla, ha eseguito un pallonetto per saltare Gustavsson e ha ripreso la palla al volo battendo il portiere svedese.

_____
_____
_____
_____
_____

4. **Diego Armando Maradona (Argentina), campionato del mondo, Messico 1986, semifinale contro il Belgio**
   Maradona al 18° ha realizzato il secondo gol: Cuciuffo ha passato la palla a Maradona che ha iniziato uno slalom saltando in corsa tre difensori belgi, è entrato in area e ha battuto il portiere Pfaff.

_____
_____
_____
_____

5. **Gheorghe Hagi (Romania), campionato del mondo, Stati Uniti 1994, contro la Colombia**
   Hagi segnò tre reti vitali per la Romania, tra cui un gol memorabile ai danni dell'Argentina, una delle favorite, nella vittoria che eliminò la nazionale sudamericana. Nella prima delle partite per la fase a gironi, Hagi fece uno dei gol più belli di tutta la storia della manifestazione, esibendosi in un pallonetto da 35 metri contro la Colombia.

_____
_____
_____
_____
_____

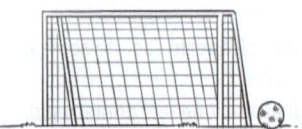
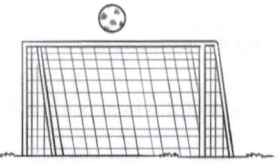

Meno di 16: hai tirato a lato! Riprova, probabilmente c'è ancora qualche verbo che puoi trasformare.

Più di 17: hai tirato alto! Controlla, forse hai trasformato qualche verbo di troppo.

16: hai fatto gol! Tiro perfetto!

4 altre cose da sapere sul passato prossimo e sull'imperfetto

11. Completa con l'imperfetto dei verbi indicati. `L'IMPERFETTO NARRATIVO NELLE CRONACHE GIORNALISTICHE`

1. 18 ottobre 2010
   "NON LASCIATE CHE VI DICANO CHE IL CAMBIAMENTO NON È POSSIBILE", [urlare] __URLAVA__ OBAMA ALLE 35MILA PERSONE ACCORSE A COLUMBUS, INNEGGIANDO "YES WE CAN", COME AI BEI TEMPI.

2.
   27 aprile 2014
   IN PIAZZA SAN PIETRO, A ROMA, PAPA FRANCESCO [celebrare] _____ LA CANONIZZAZIONE DEI BEATI GIOVANNI XXIII E GIOVANNI PAOLO II.

3. 30 aprile 2015
   EXPO MILANO 2015 [aprire] _____ UFFICIALMENTE LE PORTE AI VISITATORI. LA CERIMONIA D'APERTURA [iniziare] _____ CON IL RICORDO DELLE VITTIME DEL SISMA IN NEPAL.

4. 5 giugno 2016
   PEPE MUJICA, EX PRESIDENTE DELL'URUGUAY, AL TEATRO PALLADIUM DI ROMA [presentare] _____ IL LIBRO *LA FELICITÀ AL POTERE* E [incontrare] _____ GLI STUDENTI.

5. 13 ottobre 2016
   L'ACCADEMIA SVEDESE [assegnare] _____ A BOB DYLAN IL PREMIO NOBEL PER LA LETTERATURA.

6. 3 aprile 2017
   IL PRESIDENTE PUTIN, SUBITO DOPO L'ATTENTATO A SAN PIETROBURGO, [raggiungere] _____ IL LUOGO DELLA STRAGE IN ELICOTTERO.

12. Trasforma al parlato informale sostituendo il condizionale composto con l'imperfetto. Poi collega le frasi delle due colonne.

`ESPRIMERE IL FUTURO RISPETTO AL PASSATO CON L'IMPERFETTO`

1.	Non [saresti dovuta] __dovevi__ andare a scuola oggi?	a.	Macché, ci [saremmo voluti] _____ andare, ma non abbiamo trovato i biglietti.
2.	Hai fatto la spesa?	b.	Sì, mi aveva detto di avere un impegno.
3.	Hai detto che alla festa lei non [sarebbe venuta] _____.	c.	No, ero sicura che la [avresti chiamata] _____ tu!
4.	Alla fine poi siete riusciti ad andare al concerto di De Andrè?	d.	No, c'era ancora sciopero degli insegnanti e così sono andata a fare un giro in centro.
5.	Come sta la mamma? L'hai chiamata?	e.	Mi dispiace! Non resisto!
6.	Hai promesso che non [avresti bevuto] _____ niente di alcolico!	f.	No, credevo che la [avresti fatta] _____ tu.

4 altre cose da sapere sul passato prossimo e sull'imperfetto

13. Un serata andata male. Marta ha invitato alcuni amici a una festa a casa sua, ma all'ultimo momento non si è presentato nessuno. Completa le motivazioni dei suoi amici sostituendo il condizionale composto con l'imperfetto.

ESPRIMERE IL FUTURO RISPETTO AL PASSATO CON L'IMPERFETTO

1.	Mattia ha ammesso che [avrebbe potuto] _poteva_ fare almeno una telefonata per avvisare, ma era in ufficio e		a.	da sola a casa con i figli piccoli.
2.	Aldo ha detto che [avrebbe voluto] _____ esserci, ma che in palestra c'era una ragazza che gli piaceva		b.	si è fermata a cena ed è rientrata a notte fonda.
3.	Sofia era dalla madre in Toscana, aveva promesso che [sarebbe tornata] _____ in tempo e invece era stanca e affamata e alla fine		c.	la sua riunione di lavoro è finita molto tardi.
4.	Lea ha detto subito che le [sarebbe piaciuta] _____ molto l'idea di una festicciola tutti insieme, ma non [sarebbe venuta] _____ perché ieri sera suo marito era fuori e lei [sarebbe stata] _____		d.	così è rimasto fino alla chiusura per provare ad avere il suo numero di telefono.
5.	Andrea aveva già risposto che non ci [sarebbe potuto] _____ andare perché [avrebbe dovuto] _____ andare al cinema con il figlio		e.	e aveva già comprato i biglietti.

14. Riscrivi le frasi sostituendo il verbo sottolineato con l'imperfetto. L'IMPERFETTO DI CORTESIA

1. **Al telefono con lo studio del dottor Galvani**
   - Studio Galvani, pronto?
   - Buongiorno, <u>vorrei</u> parlare con il dottor Galvani. _volevo parlare_

2. **Al telefono con il gestore telefonico**
   - Buongiorno, <u>vorrei</u> parlare con il titolare del contratto Telepuff.
   _____
   - Sono io, mi dica.
   - <u>Desidero</u> proporle una nuova tariffa.
   _____
   - Mi dispiace, non mi interessa. Buonasera.

3. **Al telefono con la pizzeria d'asporto**
   - Pronto, Pizza Svelta.
   - Salve, <u>vorrei</u> ordinare due margherite.
   _____
   - Bene. <u>Desidera</u> anche qualcosa da bere?
   - Un chinotto e una birra scura.

4. **Al telefono con un'amica**
   - <u>Vorrei</u> dirti che sono in casa dalle 17 alle 19.
   _____
   - Allora forse passo per un saluto e un bicchiere di vino!

5. **Nel negozio di telefonia**
   - Buongiorno, <u>cerco</u> un regalo per il compleanno di mia nipote Clara. _____
   - Quanti anni ha?
   - 13.
   - Preferisce un telefonino o le <u>piacerebbe</u> un tablet o un computer?
   _____
   - Sono ancora indecisa...

6. **Nel negozio di arredamento e casalinghi**
   - Salve, mi <u>serve</u> un estrattore.
   _____
   - Su che prezzo <u>vuole</u> stare? Ne abbiamo dai 200 ai 400 euro. _____
   - Posso spendere al massimo 300 euro...

altre cose da sapere sul passato prossimo e sull'imperfetto — 4

15. Storia di un cliente molto indeciso e di un cameriere molto paziente. Completa con l'imperfetto dei verbi indicati. `L'IMPERFETTO DI CORTESIA`

- Buonasera, ecco il suo tavolo.
- Ah, io [volere] _volevo_ quello vicino alla finestra.
- Bene, non c'è problema. Lo spostiamo.
- Anzi no... [preferire] _____ quello nella sala fumatori, se mi viene voglia di una sigaretta.
- Certo, sala fumatori. Da quella parte allora.
- Beh, però... il tavolo vicino a quella ragazza vestita di verde, non è male. Ecco, [volere] _____ quello!
- La spostiamo ancora, prego. Poi [desiderare] _____ ordinare?
- Certo! [volere] _____ gnocchi al gorgonzola e un bicchiere di vino bianco della casa!
- Perfetto, segno tutto! [gradire] _____ anche un dolce?
- Non so. In realtà non [volere] _____ neanche mangiare al ristorante!

16. Questi sono titoli e messaggi comparsi in alcuni siti Internet a proposito di fatti di cronaca o esperienze personali. Il tono è molto informale e i titoli contengono delle ipotesi che si sono rivelate false. Collega titoli e messaggi. `FORMULARE IPOTESI NON REALIZZATE CON L'IMPERFETTO`

1 Era meglio se uscivo con le amiche...

2 Era meglio se non ti conoscevo!

3 Se facevo la carriera del prete, sicuro diventavo Papa.

4 SE GIOCAVA NEL MILAN O NELL'INTER, QUESTI FALLI NON VENIVANO AMMONITI.

5 Se stavo a casa mia... non succedeva.

6 Se mangiavo in piazza san Marco, spendevo meno.

a. "Muntari? È il suo modo di giocare, lui gioca in maniera aggressiva da tanti anni". Zdenek Zeman ha parlato alla fine della gara tra Pescara e Juventus. ☐

b. Mi sono rotta una caviglia in montagna. È una seccatura colossale: un mese di stivale di gesso e posso camminare solo con le stampelle! ☐

c. Mi ha chiesto un appuntamento per la sera e io gliel'ho dato rinunciando ad altri impegni. Mi ha detto che mi passava a prendere alle 8 ma non è mai arrivato. L'ho aspettato per due ore poi ho ordinato una pizza. **1**

d. Bellissima giornata a Venezia peccato che questo ristorante vicino alla stazione ce l'ha rovinata. Due pizze e una bottiglia d'acqua pagate 39 euro, un terzo dei quali per coperto (fuori al freddo) e servizio... Sarà legale? ☐

e. Prima mi hai fatto soffrire quando mi hai lasciato, ora sposandoti con lei, hai buttato un pezzo della mia storia. ☐

f. È incredibile, a me riesce bene ogni cosa, quando mi impegno. Sarà anche fortuna la mia, certo però... ☐

4 altre cose da sapere sul passato prossimo e sull'imperfetto

17. Forma delle frasi con gli elementi dati. La scelta del soggetto è libera.

FORMULARE IPOTESI NON REALIZZATE CON L'IMPERFETTO

1. se | non licenziarsi — essere meglio
   Se non si licenziava, era meglio.
2. se | esserci bel tempo — venire alla grigliata
   _____
3. se | mangiare al ristorante — spendere molto di più
   _____
4. se | rimanere a casa — non ammalarsi
   _____
5. se | partire prima — arrivare in tempo
   _____

18. Gli intricati casi dell'ispettore Stefano. Dai una mano a Stefano a fare delle supposizioni, aiutandoti con gli indizi.

FARE DELLE SUPPOSIZIONI CON L'IMPERFETTO

1. Perché le galline si sono spaventate? *Doveva esserci un lupo.*	
2. Chi c'era sotto il letto?	
3. Chi rubava sempre la cioccolata dalla mensa?	
4. Perché Mario correva?	
5. Perché i tuoi genitori sono andati con l'auto in città?	

passato prossimo e imperfetto | ALMA Edizioni

altre cose da sapere sul passato prossimo e sull'imperfetto 4

19. Completa con l'imperfetto dei verbi *dovere* o *potere*. **FARE DELLE SUPPOSIZIONI CON L'IMPERFETTO**

1. • Hai visto Mario?
   ■ Sì. _Doveva_ essere arrabbiato, non mi ha neanche guardato in faccia.
2. • Quando si è sposata Marta?
   ■ Boh, _____ essere luglio, aveva un vestito leggero e faceva molto caldo.
3. • Perché ieri sera Marco e Mattia erano così strani?
   ■ Non so, _____ essere ubriachi...
4. • Da dove venivano quelle persone?
   ■ Non saprei. _____ essere di Roma o di Viterbo...
5. • Ma che cosa c'era di così piccante in quel piatto indiano? Mi brucia la gola!
   ■ _____ essere zenzero... Forse ce n'era un po' troppo.

20. Il 22 marzo su *Repubblica*, nella cronaca di Firenze è comparsa la seguente notizia. Completa la conversazione tra la mamma aggredita e il carabiniere con l'imperfetto dei verbi indicati. **FARE DELLE IPOTESI CON L'IMPERFETTO**

GROSSETO
"IO AGGREDITA DALLE MAMME FUORI DALLA SCUOLA PERCHÉ MIA FIGLIA È VEGETARIANA"
**Alla base della lite le domande della bambina ai compagni:
"Lo sapete che quello che mangiate prima era vivo?".
Indagine dei carabinieri**

MAMMA: • Sono qui perché sono stata aggredita da alcuni genitori dei compagni di scuola di mia figlia.
CARABINIERE: ■ Quando e dove?
• Ieri, davanti alla scuola, nel parcheggio. [*dovere*] _____Dovevano_____ essere davvero arrabbiati perché io ero in auto ma loro mi hanno bloccato le vie di fuga.
■ A che ora?
• [*dovere*] _____ essere le 16, o forse le 16:30. Sì, [*potere*] _____ essere le 16:30.
■ Il motivo? Forse [*potere*] _____ sentirsi minacciati da Lei in qualche modo?
• Sì, è perché non mangiamo bistecche. O forse [loro, *dovere*] _____ solo aver passato una gran brutta giornata. Hanno dichiarato che è stato perché mia figlia è vegetariana e a scuola ha detto delle frasi che hanno scioccato gli altri bambini. A dire il vero erano mesi che mi minacciavano: occhiate, battutine, messaggi, ero attaccata per qualsiasi cosa dicevo anche alle maestre.
■ E quali frasi avrebbe detto sua figlia agli altri bimbi?
• "Ma lo sai che quel che stai mangiando prima era un maialino e ora è morto? Lo sai che quello era un pesciolino che prima nuotava nel mare?"
■ Mmm... Secondo Lei, [*potere*] _____ solo aver voglia di giocare?
• I bambini di certo non hanno colpe. Il problema sono i genitori, le mamme in particolare. [*dovere*] _____ sentirsi parecchio in pericolo per bloccarmi l'auto in quel modo.
■ Ormai ci sono conflitti persino tra vegetariani e carnivori. La gente non sa più con chi prendersela!

4 altre cose da sapere sul passato prossimo e sull'imperfetto

21. Completa con l'imperfetto dei verbi indicati.

L'IMPERFETTO PER DESCRIVERE QUALCOSA CHE DOVREBBE O POTREBBE ACCADERE

doveva | poteva (x 2) | ~~potevo~~ | volevo | conveniva

A PROPOSITO...

1. **...DI ARTE**
   Quante volte davanti a un'opera d'arte avete pensato e spesso esclamato ad alta voce: "Che ci vuole, _potevo_ farlo anch'io!". Eppure i critici ci assicurano che si tratta di capolavori.

2. **...DI MISS**
   "Non è giusto! _____ vincere io", e le strappa la corona di Miss Brasile: seconda classificata la prende male e strappa la corona alla Miss.

3. **...DI TURISMO**
   "Ho fatto 950 Km per venire a visitare Soriano e il castello era chiuso!"
   "Signora, _____ informarsi prima su giorni e orari di apertura del Castello e delle Scuderie. O fare una telefonata."

4. **...DI RIMPIANTI**
   Quando ero giovane tutto _____ succedere. Bastava fare la scelta giusta al momento giusto, ora è tardi!

5. **...DI CALCIO**
   LA SCONFITTA PRIMA O POI _____ ARRIVARE
   Real Madrid: "Parliamo di una sconfitta arrivata dopo 22 vittorie consecutive, prima o poi sarebbe dovuta arrivare. Ma sono convinto che in futuro potremo tornare a fare bene come abbiamo fatto in passato."

6. **...DI MINACCE**
   Ti avevo pregato di non dirlo a nessuno, hai parlato ma ti _____ stare zitto. Ora vedrai le conseguenze.

22. Completa con l'imperfetto dei verbi indicati.

L'IMPERFETTO NEI RACCONTI FANTASTICI

dire | riuscire | cercare

La volpe e l'uva

Spinta dalla fame, una volpe _____ di afferrare l'uva di una vigna, saltando con tutte le sue forze. Visto che non _____ neppure a toccare i grappoli, allontanandosi _____: "Non è ancora matura. Non voglio mangiarla acerba". Spesso gli uomini disprezzano a parole ciò che non possono ottenere.

[Fedro, *Favole*]

23. Completa con i verbi indicati.

L'IMPERFETTO NELLE FIABE

sapeva | aveva (x 4) | c'era | era | volevano | voleva | faceva

Barbablù

C'era una volta un uomo, che _____ palazzi e ville principesche, piatti d'oro e d'argento, mobili di lusso e carrozze* tutte dorate di dentro e di fuori. Ma quest'uomo, per sua disgrazia, _____ la barba blu: e questa cosa lo _____ così brutto e spaventoso, che tutte le donne quando lo vedevano fuggivano. Fra le sue vicine, _____ una gran dama che _____ due figlie belle come il sole. Lui ne _____ sposare una, ma le ragazze rifiutavano perché non _____ sposare un uomo che _____ la barba blu. La cosa poi che più di tutto le spaventava _____ questa: quest'uomo aveva sposato diverse donne e nessuno _____ che fine avevano fatto.

[C. Perrault, *Barbablù*]

*carrozza:

altre cose da sapere sul passato prossimo e sull'imperfetto 4

24. Guido racconta un sogno. Trasforma il suo racconto coniugando all'imperfetto i verbi che sono al presente storico. `L'IMPERFETTO NEI SOGNI`

Ecco il mio sogno: nuoto in piscina e arriva la prof di matematica che è vestita con il suo solito completo marroncino e quando arrivo al traguardo lei mi chiede il teorema di Pitagora. Poi arrivano i miei compagni a portarmi una merenda che cade nella vasca e tutti i pesci rossi vengono a galla e cantano le canzoni di Natale.
Nel sogno nuotavo _____
_____
_____

25. Riordina il dialogo. `L'IMPERFETTO LUDICO`

[1]		Facciamo che io ero il principe, tu la principessa e lui il leone.
☐		Nooo, io facevo la guerra e uccidevo tutti i draghi. E dove vivevamo?
☐		Nel mio castello, dove giocavamo tutto il giorno.
☐		Tu facevi da mangiare.
☐		Bellooo! E facciamo che tu avevi un vestito azzurro e una pelliccia, e io avevo un vestito giallo di pizzo e i capelli lunghi fino ai piedi e verdi.
☐		E io? Cosa facevo?

26. Luigi Montanini, per gli amici Pasticcino, cuoco ufficiale della Ferrari racconta i gusti dei migliori piloti di Formula 1 che andavano a mangiare nel suo ristorante a Modena. Completa con l'imperfetto dei verbi indicati. `L'IMPERFETTO DESCRITTIVO, ABITUALE E IPOTETICO`

- A Gilles Villeneuve [*piacere*] ____*piacevano*____ molto i funghi porcini: nel sugo ne [*volere*] _____ una gran quantità, freschi, secchi, congelati. Michael Schumacher, invece, [*essere*] _____ goloso di zuppe e di minestrone. A mangiare da me [*venire*] _____ un po' tutti i piloti, soprattutto quelli delle squadre inglesi e tedesche: ai loro cuochi gli spaghetti [*diventare*] _____ colla.
- E Jean Alesi, "mister simpatia"?
- [*divorare*] _____ le crostate di frutta e di cioccolata.
- E Ayrton Senna è mai venuto al tuo caravan?
- Certo, spesso. A lui [*piacere*] _____ gli spaghetti. Ma essendo brasiliano, se [*esserci*] _____ , [*mangiare*] _____ volentieri una fetta di roastbeef.

4 altre cose da sapere sul passato prossimo e sull'imperfetto

VERIFICA

1. Completa le frasi con il passato prossimo del verbo modale corretto (*potere, volere, dovere*).

Due giorni fa avevo la febbre alta. Era una bellissima giornata di sole, ma ero così debole che non _____ uscire di casa nemmeno per un'ora.
Anche se il dottore mi ha detto di prendere degli antibiotici, non _____ prendere nessuna medicina, le detesto! La testa non mi faceva molto male e così _____ leggere le ultime pagine di un giallo che ho preso in prestito in biblioteca: ieri _____ restituirlo per forza, perché scadeva il prestito, ma per fortuna prima _____ scoprire chi era l'assassino.
Tutto sommato, avere la febbre non è poi così male!

PUNTI _____ / 5

2. Sottolinea il pronome corretto e scrivi la vocale finale del participio passato.

1. ● Sei già andata a comprare le riviste che ti ho chiesto?
   ■ Sì, *li | le | lo* ho pres___ e ho comprato anche la *Settimana enigmistica*.

2. ● Questa notte i vicini hanno fatto davvero molto rumore!
   ■ Sì, *la | lo | li* ho sentit___ anch'io. Non ho dormito per niente.

3. ● Buongiorno dottore, sono venuta perché ho ancora mal di gola. Mi può visitare?
   ■ Certo signora Ada, anche se *l' | li | le* ho già visitat___ ieri, e anche il giorno prima!

4. ● Martino hai già fatto i compiti? O li facciamo adesso insieme?
   ■ Grazie mamma, ma *le | li | l'* ho già fatt___ .

5. ● Ma quanti cioccolatini hai mangiato? Se ti viene mal di pancia, non ti lamentare!
   ■ *Ne | Li | Lo* ho mangiat___ solo cinque!

6. ● Hai comprato una camicia nuova? Perché?
   ■ Sì, *l' | li | lo* ho comprat___ per metterla al matrimonio di mio cugino Salvatore.

7. ● Di che cosa discutevano Lucia e Stefania?
   ■ *Le | Li | L'* ho sentit___ litigare sulle vacanze... Stefania era proprio arrabbiata.

8. ● Chi ha comprato le pesche?
   ■ *La | Le | Lo* ho comprat___ io, e anche le pere, ci vuole altro?

9. ● Allora quando ti laurei? Hai scritto la tesi?
   ■ *Li | L' | Lo* ho scritt___ durante l'estate... Che fatica! Dovrei riuscire a laurearmi nella sessione di ottobre.

10. ● Hai visto come è cresciuto Daniele?
    ■ Certo! *L' | La | Li* hanno notat___ tutti! È grande ormai!

(0,5 punti a risposta) PUNTI _____ / 10

altre cose da sapere sul passato prossimo e sull'imperfetto 4

VERIFICA

3. Completa le frasi scegliendo la forma verbale corretta e sostituendo i verbi sottolineati con l'imperfetto.

1. Al processo, il giudice ha preso la parola e l'imputato *ha dovuto | è dovuto* alzarsi in piedi per ascoltare la sentenza: "La mattina del 5 agosto l'imputato è entrato _____ nel parcheggio dei signori Ticchioni e ha rubato _____ la loro macchina. I vigili urbani lo hanno sorpreso _____ dopo pochi minuti".

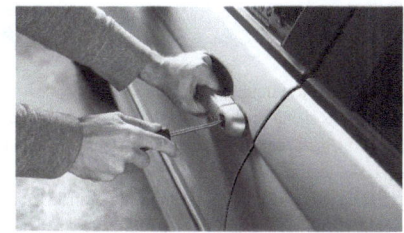

2. Finalmente mi *sono potuto | ho potuto* sedere in poltrona e leggere l'articolo di ciclismo sulla *Gazzetta dello Sport*: "Ieri, nel corso della decima tappa del Giro di Italia, Bianchi ha staccato _____ i suoi avversari sull'ultima salita. Bianchi ha aspettato _____ gli ultimi chilometri e poi è scattato _____ a una velocità incredibile".

3. I giornalisti di Repubblica *hanno voluto | si sono voluti* occuparsi della manifestazione per la pace di ieri: "Una folla immensa occupa _____ Piazza Navona, la gente grida _____ slogan per la pace ed espone _____ cartelli per chiedere la fine delle guerre in Medio Oriente".

PUNTI _____ / 12

4. Formula richieste ed esprimi desideri in modo cortese con l'imperfetto.

1. Signor Martelli, La chiamo per sapere l'indirizzo e l'orario preciso del nostro appuntamento di domani.
_____
_____

2. Anna e Fabio, vi cerco per sapere se domani verrete a cena a casa mia. Mi fate sapere? Grazie.
_____
_____

3. Buongiorno, vogliamo sapere se avete una camera per due persone per una settimana.
_____
_____

PUNTI _____ / 3

TOTALE PUNTI _____ / 30

soluzioni

1 il passato raccontato con il passato prossimo

p. 10 **ES. 1** 2. ho incontrato; 3. ho studiato; 4. ho trovato; 5. ho dormito; 6. siamo usciti, abbiamo pulito; 7. Ho tagliato; 8. siamo arrivati, abbiamo avuto; 9. sono restato; 10. Abbiamo ballato, ci siamo divertite.

ES. 2 2. Ha lavato i piatti; 3. L'ha baciato sulla guancia; 4. Ho mangiato gli spaghetti; 5. Sono partiti in aereo; 6. Abbiamo brindato.

ES. 3 2. hanno; 3. ho; 4. avete; 5. abbiamo; 6. hai; 7. ha; 8. ho; 9. hanno; 10. avete.

p. 11 **ES. 4** 2. è; 3. siamo; 4. sono; 5. siamo; 6. siete; 7. sono; 8. è; 9. sei; 10. sono.

ES. 5 2. creduto; 3. capito; 4. ritornato; 5. potuto; 6. preferito; 7. salito; 8. voluto; 9. abbracciato; 10. amato.

ES. 6 2. caduto/a; 3. premuto; 4. arrivato; 5. dormito; 6. fotografato; 7. uscite.

p. 12 **ES. 7** ORIZZONTALI: 2. acceso; 6. fatto; 7. detto; 8. morto; 9. visto. VERTICALI: 3. spento; 4. stato; 5. riso; 8. messo.

ES. 8 2/l; 3/g; 4/b; 5/i; 6/d; 7/a; 8/c; 9/e; 10/h.

ES. 9 CHI...: 2/d; 3/a; 4/l; 5/b; 6/e; 7/c; 8/i; 9/g; 10/f. QUANDO...: 2/e; 3/i; 4/c; 5/l; 6/g; 7/b; 8/d; 9/f; 10/a.

p. 13 **ES. 10** a. ha invitato > invitare; ha offerto > offrire; ha regalato > regalare; è stato > essere = FIORE; b. è stato > essere; ha creato > creare; ha osservato > osservare = ECO; c. ha ricevuto > ricevere; ha avuto > avere; ha generato > generare; hanno usato > usare = RAGÙ.

p. 14 **ES. 11** 2. tornate, uscite, andate; 3. venuti; 4. arrivati, venuto; 5. ritornate; 6. nata; 7. entrati, usciti; 8. ingrassata; 9. alzata, ritornata; 10. salite; 11. scesi, sbagliata; 12. incontrate; 13. decollato.

ES. 12 2. tu; 3. tu e Antonio; 4. noi; 5. io; 6. Giulia e la mamma; 7. lei; 8. voi; 9. io e Giulia; 10. lui/lei.

ES. 13 2. è partita; 3. siamo venute; 4. sono tornate; 5. è arrivato; 6. siete entrati/e; 7. sono uscito/a; 8. è salito; 9. sono ritornate; 10. è caduto, è sceso; 11. sono ritornati; 12. sono scappate; 13. sono fuggiti.

p. 15 **ES. 14** 2. è stata; 3. sono dimagriti; 4. Siamo state; 5. sono restato/a; 6. sono ingrassate; 7. è invecchiato; 8. sono nate; 9. è cresciuto; 10. siamo morti/e.

ES. 15 2/e; 3/a; 4/b; 5/c; 6/l; 7/d; 8/f; 9/i; 10/g.

ES. 16 2. si sono alzati; 3. ti sei pettinata; 4. ci siamo sedute; 5. mi sono vestito/a; 6. vi siete lavati; 7. si sono salutati; 8. si è truccata; 9. ci siamo bagnati/e; 10. si sono baciati; 11. mi sono messa; 12. si sono viste.

p. 16 **ES. 17** 2. sono servite; 3. sono piaciute; 4. è sembrata, è sembrata; 5. è servito; 6. sono sembrati; 7. sono piaciuti; 8. sono mancate; 9. è servito; 10. sono piaciute.

ES. 18 1. è cominciata; 2. ha cominciato; 3. è aumentata; 4. ha aumentato; 5. è finita; 6. ha finito; 7. è bruciato; 8. ha bruciato.

p. 17 **ES. 19** 1. è/ha grandinato; 2. è/ha piovuto; 3. è/ha nevicato.

ES. 20 2. abbiamo; 3. è; 4. siete; 5. sono; 6. avete; 7. sono; 8. siamo; 9. hanno; 10. sei.

ES. 21 *Produzione propria, possibili soluzioni:* Abbiamo fatto colazione. Abbiamo fatto un giro per la città. Abbiamo fatto shopping. Abbiamo mangiato tortellini e lasagne. Siamo salite in cima alle torri. Abbiamo bevuto un caffè. Abbiamo visitato la mostra al Museo Morandi. Abbiamo preso un aperitivo. Siamo ritornate a Ferrara.

p. 18 **ES. 22** 2. ha fatto; 3. si è tagliata; 4. ha telefonato; 5. ha preso; 6. ha avuto; 7. ha pranzato; 8. ha cenato; 9. si è incontrata; 10. ha cucinato; 11. ha ascoltato; 12. ha camminato.

ES. 23 2. partita; 3. prenotato; 4. ringraziato; 5. trovato; 6. insegnato; 7. imparato; 8. andato; 9. ballato; 10. festeggiato; 11. tornati; 12. tagliato.

p. 19 **ES. 24** 2. Mario ha giocato; 3. tutti gli studenti hanno partecipato; 4. i turisti sono saliti; 5. abbiamo trovato; 6. ho domandato; 7. ha cambiato.

ES. 25 2. ha fatto; 3. ha detto; 4. è nato; 5. abbiamo vissuto; 6. è scesa; 7. hai speso; 8. ha deciso; 9. avete risposto; 10. ha scritto.

ES. 26 2. hanno riso; 3. hanno scelto; 4. abbiamo acceso; 5. ha vinto; 6. ha visto; 7. ha letto; 8. avete chiesto; 9. ha preso; 10. ha messo.

p. 20 **ES. 27** 2. è stato, Ha avuto, è salita, ha chiamato; 3. hanno raccontato, hanno visto, hanno mangiato; 4. si sono incontrate, hanno deciso, Hanno telefonato, si sono date; 5. ho letto, ho spento, ho chiuso, ho chiamato; 6. ha fatto, è nata, ha scritto.

ES. 28 2. Lucia ha fatto dieci addominali per tenersi in forma.; 3. Martina è tornata alle 3:00 dalla palestra.; 4. Paolo e Antonio si sono allenati tutto il pomeriggio.; 5. Avete giocato una partita meravigliosa.; 6. Giovanni ha tirato la palla e tu hai fatto canestro.; 7. Monica e Giulia sono uscite dalla piscina alle 5:00.; 8. Marcello Lippi ha allenato la nazionale italiana.; 9. Ho comprato un nuovo paio di pantaloncini per fare sport.

ES. 29 2. Prima siamo andati; 3. Ieri il direttore della scuola ha parlato; 4. Dopo che i miei amici sono tornati; 5. due ore fa ho bevuto; 6. Questa mattina abbiamo fatto.

p. 21 **ES. 30** mi sono svegliata, ho preso, sono arrivata, sono andata, siamo stati, abbiamo giocato, abbiamo fatto, abbiamo cenato, siamo stati, abbiamo ballato, abbiamo fatto, ci siamo svegliati, siamo andati, siamo ripartiti, siamo ritornati.

ES. 31 sono andata, Ho ordinato, ho pagato, ho mangiato, sono tornata, ho assaggiato, sono arrivati, è venuto, ha raccontato.

p. 22 **ES. 32** ha deciso, Siamo partiti, abbiamo cominciato, ci siamo lasciati, ho preso, ho contattato, sono partita, è nato, ha studiato, è stato, l'ha ricevuta, è arrivata, si sono sposati, hanno avuto, ha passato.

ES. 33 STEFANO: Ho trovato, ho avuto, ho avuto, ho allenato. GILBERTO: ho cambiato, Ho provato, ho avuto, ho comprato, mi sono sentito, hai capito.

p. 23 **ES. 34** È stata, È durata, Hanno partecipato, Ha partecipato, Ho pranzato, sono uscita, sono andata, ho preso, ho pranzato, ho scritto, sono andata, sono partita, sono tornata, sono andata, sono stata, ho detto.

p. 24 **ES. 35** Avete avvertito, ho detto, ho chiesto, ho girato, ho parcheggiato, ho preso, ho trovato, Ho prenotato, ho detto.

p. 25 **ES. 36** Sono atterrato/a, sono arrivato/a, ho ricevuto, Ho aspettato, è arrivata, ho visto, ho aperta, ho trovato, Ho denunciato.

p. 26 **ES. 37** Ha vinto, ha unito, ha recitato, ha fatto, è stato, ha creato, è diventato, ha recitato, ha fatto.

soluzioni

ES. 38 è nata, ha fatto, ha vinto, è stato, è uscita, è tornata, è andata, Ho chiamato, Ho provato.

p. 27 ES. 39 ha mostrato, ha raggiunto, ha realizzato, ha dato, ha manifestato, ha portato, è stato, ha svolto, ha partecipato, ha tenuto, ha contribuito, ha avuto, ha promosso.

VERIFICA
p. 28 ES. 1 andato; seduto; chiesto; vissuto; acceso; partito; morto; riso.

ES. 2 a. È nata; b. è cresciuta; c. Ha iniziato; d. Ha ottenuto; e. ha recitato; f. ha vinto. GOLINO

p. 29 ES. 3 ho detto, abbiamo lasciato, Abbiamo salutato, ci siamo trasferiti, ci abbiamo provato, ci siamo sposati, abbiamo trovato, hanno offerto, siamo emigrati.

ES. 4 è stato, Ha lavorato, Ha progettato, ha affermato, è nato, Ha iniziato, È morto.

2 il passato raccontato con l'imperfetto

p. 32 ES. 1 capitava, diceva, era, eravamo, parlavamo, dicevo, parlavamo, ci sedevamo, ero, ripetevo.
2/e; 3/a; 4/b; 5/f; 6/h; 7/d; 8/l; 9/g; 10/i; 11/m

ES. 2 accoglievano > accogliere, era > essere, bastavano > bastare, bevevano > bere, bevevano > bere, assaggiavano > assaggiare, ballavano > ballare.
1. a; 2. c; 3. c.

p. 33 ES. 3 2/e; 3/g; 4/f; 5/a; 6/m; 7/d; 8/h; 9/b; 10/c; 11/l = MONTE BIANCO

ES. 4 2. teneva (lui/lei/Lei); 3. vietava (lui/lei/Lei); 4. consigliava (lui/lei/Lei); 5. giravate (voi); 6. voltavano (loro); 7. seguivano (loro); 8. permettevamo (loro); 9. finivi (tu); 10. partivi (tu); 11. capitavamo (noi); 12. capivano (loro); 13. correvi (tu); 14. agivo (io); 15. speravate (voi); 16. apriva (lui/lei/Lei); 17. nuotavamo (noi); 18. scrivevi (tu); 19. contavate (voi); 20. bastavano (loro); 21. girava (lui/lei/Lei); 22. spendevo (io).

p. 34 ES. 5 ORIZZONTALI: 4. bevevano; 6. avevi; 7. trovavate; 10. andavi; 13. sapevano; 15. volevo; 16. potevate; 17. ero; 18. aveva; 19. tornava. VERTICALI: 2. pensavate; 3. abitava; 5. viaggiavo; 8. eri; 9. facevamo; 11. doveva; 12. vedevo; 14. vivevi.

ES. 6 2. Mentre visitava; 3. Mentre volava; 4. Mentre lavoravate; 5. Mentre cenavamo; 6. Mentre festeggiavate; 7. Mentre attendeva; 8. Mentre scrivevi; 9. Mentre partivano; 10. Mentre leggeva; 11. Mentre nevicava; 12. Mentre saliva.

p. 35 ES. 7 2b. viveva, lavorava; 3b. ci vedevamo, ci incontravamo; 4b. portava, indossava; 5b. era, ridevo; 6b. scrivevano, venivano; 7b. piacevano, passava; 8b. si chiamavano; 9b. andava; 10b. volevo, voleva.

ES. 8 2. esponevano; 3. bevevi; 4. distraevate; 5. facevo; 6. eravamo; 7. disponevamo; 8. diceva.

p. 36 ES. 9 avevo, Ero, mangiavo, Mi sentivo, vedevo, giocavo, cantavo, discutevo, partivo, Portavo.

ES. 10 avevi, Eri, mangiavi, Ti sentivi, vedevi, giocavi, cantavi, discutevi, partivi, Portavi.
aveva, Era, mangiava, Si sentiva, vedeva, giocava, cantava, discuteva, partiva, Portava.

ES. 11 stavamo, andavamo, finivamo, tornavamo, Vivevamo, mettevamo, correvamo, prendevamo, andavamo, Ci divertivamo.

ES. 12 stavate, andavate, finivate, tornavate, Vivevate, mettevate, correvate, prendevate, andavate, Vi divertivate.
stavano, andavano, finivano, tornavano, Vivevano, mettevano, correvano, prendevano, andavano, Si divertivano.

p. 37 ES. 13 2. prendevano, passavano; 3. aveva, prendeva, metteva; 4. volevano, piaceva; 5. passeggiava, sciava; 6. nevicava, restavo, leggevamo.

ES. 14 era, muri, era, aveva, stanze, abitavo, appariva, adorava, teneva, scala, portava, saliva, c'erano, si trovava, tavolo, usavamo, vedevo, si trovavano.

ES. 15 *Produzione propria, possibile soluzione*: Da ragazzo Paolo era basso e robusto, di carattere era allegro e vivace. Indossava spesso una T-shirt e dei pantaloncini corti, usava scarpe sportive, aveva i capelli corti e viveva con i suoi genitori, Alberto e Fabiana.

p. 38 ES. 16 2. aveva; 3. viveva; 4. vedeva; 5. era; 6. aveva; 7. faceva, pranzava; 8. dipingeva.

ES. 17 *Produzione propria, possibile soluzione*: Nel passato Piazza del Plebiscito era piena di macchine perché era utilizzata come parcheggio. Oggi Piazza del Plebiscito è libera dalle macchine.

p. 39 ES. 18 *Produzione propria, possibili soluzioni*: 2. Come andavi a scuola la mattina?; 3. A che ora arrivava l'autobus?; 4. Quanto ci metteva? 5. A quale fermata scendevi?; 6. A che ora iniziavano le lezioni?; 7. Che cosa facevi dopo la scuola?; 8. Dove mangiavi?; 9. Di sera, che cosa guardavi alla tv?; 10. A che ora andavi a letto?

ES. 19 2/a; 3/b; 4/e; 5/d.

p. 40 ES. 20 2. Che cosa, che cosa/h; 3. Perché/a; 4. Dove/g; 5. Come/c; 6. Di che cosa/b; 7. Quale/d; 8. Dove/f; 9. Quale/m; 10. Con chi/i; 11. Chi/L.

ES. 21 2/g; 3/a; 4/i; 5/b; 6/l; 7/e; 8/c; 9/h; 10/f.

p. 41 ES. 22 2. L'incidente è avvenuto mentre stava nevicando: non si vedeva niente; 3. Hai parlato con Gino? No, stava riposando e non ho voluto disturbarlo; 4. Hai sentito la conferenza del Prof. Pini? No, stavo lavorando in negozio; 5. Rino è venuto a nuotare con voi? No, quando è arrivato stava piovendo e così abbiamo rinunciato.

ES. 23 3. Stavo attraversando il parco in bicicletta quando ho perso il portafoglio; 4. Carlo stava mangiando un panino quando il dente si è rotto; 5. Mentre si stava facendo la barba, è andata via la luce; 6. /; 7. /.

ES. 24 2/c. attendevano (stavano attendendo); 3/a. attraversavano (stavano attraversando); 4/b. facevo (stavo facendo); 5/d. stendevamo (stavamo stendendo).

p. 42 ES. 25 2. tirava, abbaiavano; 3. riparavano, gonfiavano, controllavano; 4. cucinava, preparava, apparecchiava; 5. preparava, serviva; 6. imparavano, recitavano, raccoglievano; 7. scorreva, cinguettavano; 8. inseguiva, fuggivano; 9. cantavano, volavano; 10. entravano, studiavano, tornavano.

ES. 26 8, 2, 6, 3, 1, 7, 4, 5.

p. 43 ES. 27 2. Mentre una, Flavia, mi raccontava del suo lavoro di "chef vegana", l'altra, Marta, dormiva profondamente.; 3. A Roma sono saliti sulla mia spider altri due ragazzi pieni di speranze che tornavano da Cinecittà (*soluzione alternativa*: A Roma sono saliti

soluzioni

sulla mia spider altri due ragazzi che tornavano da Cinecittà pieni di speranze).; 4. Il primo era un ragazzo messicano che si chiamava Miguel e girava l'Italia con la sua chitarra per suonare in alcuni festival (*soluzione alternativa*: Il primo era un ragazzo messicano che si chiamava Miguel e girava l'Italia per suonare in alcuni festival con la sua chitarra).; 5. L'altra era la sua fidanzata, Sonia, che portava dei grandi occhiali da sole e non aveva molta voglia di parlare.

p. 44 ES. 28 5, 3, 8, 2, 6, 7, 1, 4.

ES. 29 venivano, entravano, correvo, avevo, piaceva, ballavo, piaceva, imparavo.

ES. 30 Qual era la tua materia preferita?; la scuola ti piaceva?; Come arrivavi a scuola?; Era molto distante?; Quanti libri avevi?; con che cosa scrivevi?; Era difficile usare la penna e il calamaio?; Voi due stavate sempre insieme?; lui voleva andarci?

p. 45 ES. 31 piacevano, vedevo, andavo, cominciavamo, divertivamo, volevamo, usavano, aveva, riconosceva, arrestavano, davano, prendevano, confrontavano.

ES. 32 sembrava, arrivavano, partivano, trasportavano, navigava, stava.

p. 46 ES. 33 a. venivano, passavo, lavoravo, Abitavo, andavo, prendevo, bevevo, tornavo.
b. Erano, avevano, Parlavano, erano, pensavano, dicevano, Era, piacevano, si vestivano.

p. 47 c. cucinavano, sembrava, guardavamo, mangiavamo, andavamo, preparavano, spendevamo, avevamo.
d. trovavamo, salivamo, viaggiavamo, guardavamo, incontravamo, Visitavamo, passeggiavamo, compravamo, bevevamo.
e. c'erano, riscaldava, rinfrescava, scendeva, sembrava, dicevano, pioveva, indossavo, Amavo.

p. 48 ES. 34 viveva, faceva, dicevo, dovevamo, rispondeva, diceva, aveva, gridava, cominciava, aveva, si comportava, ero, vedevo, mettevo, raccontava, chiedeva, dicevano, rispondeva = ALBERTO MORAVIA, ELSA MORANTE

p. 49 ES. 35 portava; andavo, dormiva; era, aveva, era, entrava, appartenevano.

ES. 36 aveva, percorreva, Arrivava, entrava, si alzava, infilava, appariva, si portava, guardava, entrava, svegliava, era, finivano.

p. 50 ES. 37 a. ere = ero; voleveno = volevano; andevano = andavano; avivo = avevo; ereno = ero; sapiva = sapeva; guardeva = guardava; funzioneva = funzionava; potiva = poteva.
b. Eravamo, Stavamo, ero, sapevo, sapevo, lodavano, vincevo, cuciva, era, era, faceva, doveva, c'era, riempiva, sapeva.

p. 51 ES. 38 ci sentivamo, c'era, possedeva, Era, ricordavano, era, c'era, era, Aveva, erano.

ES. 39 *Produzione propria, possibile soluzione*: Andavo a scuola insieme a mio fratello e mia madre mi diceva di tenerlo per mano, e questo mi sembrava giusto e anche responsabile. Quello non capivo era perché mi diceva sempre: "Mi raccomando, quando passate per quella strada dove non c'è il marciapiede, mettiti sempre tu dal lato della strada dove passano le automobili". Io lo facevo ma ero molto dispiaciuto. Per me significava: "Io spero che nessuna auto vi butti sotto, ma se proprio deve succedere preferisco che muoia tu invece che lui". La cosa mi rendeva abbastanza agitato anche perché ogni volta che le chiedevo un po' più di Nutella nel panino, lei diceva che non era giusto e che eravamo tutti uguali; e a quel punto non ho mai avuto il coraggio di risponderle: "E allora se siamo tutti uguali, la mattina dal lato della strada si mette chi capita, o facciamo una mattina per uno, così le possibilità di essere investiti sono alla pari".

p. 52 ES. 40 a. No, prima di sposarla mangiavo un po' di tutto, non mangiavo quasi mai solo frutta e verdura.; Dopo il matrimonio aveva solo amici vegani e tutte le mattine beveva tè verde e faceva yoga.; Lei obbligava anche me a mangiare certe cose.; Quando andava al supermercato comprava quasi sempre solo seitan e tofu.; Ogni tanto mangiavamo qualche dolce ma senza uova, zucchero, latte e lievito.; Tutte le volte che mangiavo un piatto di pasta mi diceva che dovevo eliminare le farine perché facevano male.; Mi veniva mal di stomaco per la tristezza ma lei mi dava sempre una tisana alle more e ai lamponi così mi passava.

p. 53 b. Tutte le domeniche dovevamo andare a pranzo da sua madre e mangiare tagliatelle al ragù.; Gli dicevo sempre che non volevo ma lui insisteva perché sua madre ci rimaneva male.

ES. 41 a. c'era, Mi mettevo, prendeva, importava, mi sentivo, Personalizzavo, vivevo.
b. parlavo, mi vestivo, pubblicavo, vivevo, aveva, passavo, veniva, compravo, volevo, c'era, mi divertivo, Avevo, compravo, avevo, mettevo, Rovistavo, volevano, Mi divertivo, mi sentivo, avevo.

VERIFICA
p. 54 ES. 1 1. andavamo; 2. addormentavate; 3. suonava; 4. diventava; 5. bevevamo = DANTE

ES. 2 avevo, partivamo, davano, valevano, vedeva, doveva, odiavo, Prendevo, si mettevano, faceva, portavano, dormivano, tirava, spiegava, Ero.

p. 55 ES. 3 aveva, C'era, stava, si andava, era, si conosceva, giravamo, sentivamo, aveva, derivavano.

③ passato prossimo o imperfetto?

p. 59 ES. 1 a. mi divertivo, vincevo, era, era, siamo andati, veniva, ha portato, sono stato.
b. sognavo, Ho giocato, ero, ho scelto, sembrava, sbagliavo, ho dovuto, è diventato, è cambiata, tornavo, rinchiudevo.

ES. 2 1/b, d, e, f, g, i, l; 2/b, c, e, g, h.

p. 60 ES. 3 2. G; 3. S; 4. G; 5. G; 6. G; 7. S; 8. G.

ES. 4 succedeva, nevicava, sembrava; c'erano; cadeva, vedeva, scendeva.
Per raccontare un evento usiamo il passato prossimo.
Per commentare un evento usiamo l'imperfetto.

p. 61 ES. 5 a. era, ha compiuto, È morto = Giuseppe Garibaldi;
b. Era, chiamavano, È stato, si è laureato = Pietro Mennea;
c. studiava, dormiva, guardava, Era, ha scritto = Margherita Hack;
d. L'hanno ritenuta, Ha recitato, era = Anna Magnani.

ES. 6 *Frasi corrette*: 1, 4, 5, 8, 9, 12, 13 = PALERMO

p. 62 ES. 7 2. Ma noi eravamo felici della nostra scelta. Oggi siamo una ventina di persone.; 3. Così la nostra piccola comunità è diventata più unita e indipendente.; 4. Marco prima studiava matematica e ha fatto anche un dottorato.; 5. Sofia faceva l'avvocato, parlava tante lingue e il suo era un lavoro impegnativo.;

soluzioni

6. Giuseppe è stato disoccupato per quasi dieci anni, ma quando gli abbiamo parlato della comunità ha deciso di unirsi. Prima era sempre triste, ora invece ha trovato qualcosa che gli piace.; 7. non abbiamo più avuto dubbi e ci siamo messi a fare quello che gli agricoltori facevano prima dell'uso dei macchinari: curare e coccolare il terreno con le nostre mani.

p. 63 **ES. 8** 1/c; 2/a; 3/d; 4/e; 5/b; 6/l; 7/h; 8/f; 9/g; 10/i.
ES. 9 1. R; 2. O; 3. S; 4. S; 5. E; 6. L; 7. L; 8. I; 9. N; 10. I.
p. 64 **ES. 10** è stata; siamo andati; Abbiamo passato; ci alzavamo; andavamo; facevamo; pulivamo; cominciavamo; preparavamo; riprendevamo; abbiamo festeggiato.
p. 65 **ES. 11** a. andava, avevano, dovevi, avevo, avevamo, siamo diventati.
b. si definivano, sono arrivati, sono diventato, ho fatto, ho fatto, servivano, dovevo, facevano, era, era, contava.
c. 1. pariolina; 2. fighetti; 3. avere il mondo sotto i piedi; 4. costava un botto.
p. 66 **ES. 12** 2. Studiavamo; 3. ha fatto, ha preso; 4. andava, si sedeva, leggeva; 5. Abbiamo perso; 6. Eravamo, era; 7. ho finito, è piaciuto; 8. leggevo, divoravo; 9. lavoravano; 10. andavano.
p. 67 **ES. 13** ho messo, ho optato, ho messo, ho usato, ho indossato, ho adottato, ho portati.
ES. 14 2. Non si è ancora sposata; 3. Non si è mai tinta i capelli; 4. È già salita sull'Etna; 5. Non sapeva ancora andare in bicicletta a 12 anni; 6. Scriveva già all'età di cinque anni; 7. Non ha mai mangiato tagliatelle al ragù; 8. Non ha mai trovato dei soldi per strada; 9. Non ha ancora perso le chiavi di casa; 10. Non ha più suonato il flauto fino a oggi.
p. 68 **ES. 15** 1. guardavano; 2. hanno iniziato; 3. abbiamo investito; 4. cantavamo; 5. amavo; 6. mi sono annoiato, ho iniziato; 7. ha incontrato, ha ricominciato; 8. odiava; 9. si occupava; 10. ha risposto.
p. 69 **ES. 16** gridava, mentre facevo; mentre cucinava, ha bruciato; mentre buttava, ha assistito; mentre ascoltava, ha urtato; mentre si asciugava, ha fatto
p. 70 **ES. 17** 1. b. ero, c. ho ricevuto, d. lavoravo, guadagnavo; 2. a. Andavo, b. ho cominciato, c. raggiungevo; 3. a. vedevo, b. si sono trasferiti, c. facevamo, abbiamo smesso; 4. a. ho vissuto, b. ho lavorato, sono ritornato, c. stavo, avevo, mi annoiavo.
ES. 18 2/e Due ore fa abbiamo finito un lavoro difficile e abbiamo festeggiato con una bottiglia di spumante.; 3/f Da ragazza Lucia andava in vacanza con una vecchia roulotte e si divertiva da matti.; 4/a Mentre mia madre scriveva una mail, mio padre annaffiava le piante in terrazzo.; 5/c Martedì scorso ho cambiato telefono perché quello vecchio non funzionava più.; 6/d Il rubinetto perdeva acqua da ore e poi finalmente Giovanni lo ha riparato.
p. 71 **ES. 19** 1. c'era, era, indossava, segnava; 2. sono andata, ho aspettato, sono arrivata; 3. C'era, ho sentito, è arrivata; 4. sono uscito, Ho fatto, ho letto; 5. ha parlato, sono arrabbiata; 6. ho conosciuto; 7. cuoceva, è andata; 8. è rimasto, ho fatto, aspettavi; 9. trasferivamo; 10. ho fatto, ha fatto, ha chiesto, aveva
ES. 20 *Produzione propria, possibili soluzioni:* 1. Mentre Paolo e Gino nuotavano, hanno visto uno squalo.; 2. Dal 2010 al 2015 Nino ha fatto il giardiniere.; 3. Anna non ha ancora partorito.; 4. Nel 2014 Giorgio frequentava Giovanna.; 5. Giovanni non ha ancora mangiato.; 6. Rino ha tagliato il traguardo in 4 minuti e 20 secondi.; 7. Durante il viaggio in treno ho letto un romanzo.
p. 72 **ES. 21** sono andata, occorreva, era, mi sono trovata, prendevo, erano, ho raccontato, ho detto, facevo, ha detto, era, faceva, è venuta, ha detto, sono partita, sono venuta, Avevo.
ES. 22 voleva, era, parlava, capiva, era, dispiaceva, era, Aveva, ho visti, portava, ha lasciato, ha scritto, era, Era, aveva.
p. 73 **ES. 23** sono stata, è successo, era, c'era, conoscevo, conoscevo, sembravano, indossava, beveva, aveva, portava, Mangiava, era, era, parlava, parlava, diceva, voleva, sopportava, è andato, volevano, piangevano, sei divertita, vedevo.
ES. 24 È entrata, si è più fermata, Mi sono laureata, ho unito, ho preso, Ho scelto, ero, ho colpito = COSMETICI
p. 74 **ES. 25** rientravano, abbiamo fatto, ha fatto, ha mangiato, Ho detto, volevo, hanno fatto, hanno detto, erano, ha cambiato, ho scattata.
ES. 26 veniva, ho detto, Ero, faceva, stavo, mancava, era, assomigliava, ha spinto, mancava, era, Avevo, iniziavo.
p. 75 **ES. 27** era, diceva, votava, hanno tramandato; ero, ho finito, ho vinto, sono entrato, Mi sono laureato, Ero, siamo cresciuti; sono arrivato, parlavo, ho aggiunto, stava, Ho studiato, sono andato, ho passato, Ho passato, sono stato, offriva, parlavo, Ho fatto, sono andato, hanno dato.
p. 76 **ES. 28** non … più, è nato, da circa quattro anni, ha voluto, hanno avuto, di settimana in settimana, partecipavano, andavano, ancora.
ES. 29 sono sfiorite, abbiamo trovato; potevo = potere, cercavamo = cercare, erano = essere, erano = essere, chiamavamo = chiamare, facevamo = fare, brillavano = brillare, erano = essere.
p. 77 **ES. 30** Nel 2013 ci sono stati cinque furti nella nostra città.; Prima i pannelli solari non c'erano.; Fino all'anno scorso c'era poco spazio per il verde pubblico.; Prima del 2014, al contrario, la città aveva solo una pista ciclabile.; Nel 2013 le auto potevano entrare in centro anche nel fine settimana.; Prima il Comune non obbligava a fare la raccolta differenziata.
p. 78 **ES. 31** *Produzione propria, possibili soluzioni:* 2. Prima avevo mal di pancia una volta alla settimana, poi una mia amica mi ha consigliato il tè Rifello e ora mi sento bene; 3. Prima mangiavo sempre molto pane e ingrassavo, poi ho parlato con mia zia e ho trovato una soluzione: il pane integrale Snellina, e ora sono in forma; 4. Prima perdevo i capelli, poi ho comprato un nuovo prodotto e ora ho i capelli lisci e lucenti; 5. Prima vedevo poco e male, poi mio fratello mi ha suggerito di provare una nuova marca di lenti a contatto, e ora i miei occhi vedono benissimo; 6. Prima avevo la pelle secca, poi sono andata in fiera e ho provato una crema per la pelle morbida: ora la uso tutti i giorni.
p. 79 **ES. 32** avevo, c'erano, si giocava, era, lavorava, comportava, esistevano, giocavo, ho preso, ha detto, hai preso, ho risposto, aspettavo, ha detto, c'era, ci sono state, aveva, citava, era, sapeva, siamo riusciti.
p. 80 **ES. 33** 1, 4, 17, 18, 9, 11, 12, 6, 7, 3, 14, 10, 5, 2, 15, 8, 13, 16.
p. 81 **ES. 34** 2. F, 3. F, 4. V, 5. V, 6. F, 7. V, 8. V, 9. F, 10. F.
p. 82 **ES. 35** *Produzione propria, possibili soluzioni:* 1. Sono i ricordi di sapori e profumi di ciò che mangiava.; 2. Non mancava mai la carne.; 3. Ha sempre detestato il pesce.; 4. Le sono sempre piaciuti il latte, lo yogurt e le uova.; 5. Perché ha avuto un papà innamorato della cucina e una mamma che ha sempre variato il menu.; 6. Voleva sempre una zuppa o una minestra.; 7. È andata a letto senza cena e ha pianto tanto.; 8. Non era schizzinosa anche se non amava i sapori forti.; 9. Odiava gli spaghetti.; 10. No, a lui piacevano gli spaghetti.
p. 83 **ES. 36** a. 1/b; 2/c; 3/a.

soluzioni

b. ho studiato, ho fatto, ho collaborato, ho seguito, preparavano, mi sono trasferita, ho imparato, ho preso, camminavo, ho notato.

p. 84 c. *Produzione propria.*

p. 85 d. Esperienze di lavoro, ho maturato, ha permesso, avevo/ho avuto, svolgevo/ho svolto; Posizione e responsabilità, Gestivo/Ho gestito, collaboravo/ho collaborato; Altre esperienze lavorative, Ho avuto, ho lavorato; Studi, Mi sono diplomata; Esperienze all'estero, Ho fatto, ho acquisito.

p. 86 ES. 37 prendeva, era, Ho capito, ho mai sentito, ho mai capito, hai mai capito, sentivo, era, ho fatto, ho studiato, mi sono fermato, eri, meritavi.

ES. 38 a. è stato, ha portata, è stato, ho scelto, vedeva, parlava, ho vissuto, appartenevano.

p. 87 b. è stato difficile, la chiave era sul tavolo, siamo stati bene, sono sempre stata confusa, non mi diceva mai, è stata una bella serata, era una bella serata. c. 2. F, 3. V, 4. V, 5. F, 6. F, 7. F, 8. V, 9. V, 10. F

VERIFICA

p. 88 ES. 1 1. è nato, Nizza; 2. Era, fratelli; 3. ha partecipato, Genova; 4. si trovava, moglie; 5. ha guidato, Italia.

ES. 2 1. c'era, hanno costruito; 2. Hai finito, Hai cucinato; 3. ho abitato; 4. andavamo; 5. è/ha piovuto; 6. ha iniziato; 7. nevicava; 8. si è laureato; 9. pulivano, bussavano; 10. era, ci siamo fermati.

p. 89 ES. 3 1. ho fatto, sono divertito; 2. facevano; 3. Avete comprato, l'avete venduta; 4. ho vissuto, ho girato; 5. guardavo, hai aperto; 6. Eravamo, abbiamo dormito; 7. Abbiamo deciso, abbiamo guidato; 8. aveva, ha conosciuto, si sono sposati; 9. ho aspettato, me ne sono andato; 10. si è laureata, ha già trovato

ES. 4 ha effettuato, hanno analizzato, hanno modificato, hanno creato, hanno sottoposto, si aspettavano, mostravano, ha percepito.

4 altre cose da sapere sul passato prossimo e sull'imperfetto

p. 94 ES. 1 1. ho/sono dovuto; 2. abbiamo dovuto, Abbiamo dovuto; 3. sono dovuti, hanno dovuto; 4. ho dovuto, ho dovuto; 5. ho dovuta, siamo dovuti.

ES. 2 ci ho potuto arrivare > ci sono potuta arrivare; sono potuto fare il bagno > ho potuto fare il bagno; sono potuto notare > ho potuto notare.

p. 95 ES. 3 Avete voluto, Siete voluti, Avete voluto; Hai voluto, Hai voluto, Sei voluto.

ES. 4 l'ho potuta togliere, ne ho dovute comprare, gli hai dovuto raccontare, ho potuto protestare, gliel'ho potuta consegnare, ha voluto sentire, è dovuto venire, l'ho potuta portare, l'ho dovuta attaccare, ho potuto dire di no.

p. 96 ES. 5 2. non siamo potuti iscriverci; 3. siete voluti incontrarvi; 4. si hanno dovuti fare; 5. si hanno potuti abbracciare; 6. è voluta specchiarsi; 7. si hanno dovuto comprare; 8. si sono dovuti sposarsi.

ES. 6 1. D4; 2. B6; 3. F2; 4. C5; 5. E3

p. 97 ES. 7 mi sono aperta, mi sono vista, mi sono cucinata, mi sono preparata, mi sono mangiata.

ES. 8 2. regalata; 3. stappata; 4. fatta, comprata; 5. mangiata; 6. fatta, fatta; 7. vista; 8. regalata; 9. tatuata; 10. fatta.

ES. 9 2. Le ho conosciute; 3. L'ho trovata; 4. Le ho regalate; 5. Le ho prese; 6. Li ho visti tutti; 7. L'ho seguita; 8. Le ho ascoltate; 9. Ne ho comprati.

p. 98 ES. 10 1. iniziava, si lasciava; 2. scartava, si lanciava; 3. realizzava, stoppava, eseguiva, riprendeva; 4. realizzava, passava, iniziava, entrava, batteva; 5. segnava, eliminava, faceva.

p. 99 ES. 11 2. celebrava; 3. apriva, iniziava; 4. presentava, incontrava; 5. assegnava; 6. raggiungeva.

ES. 12 1/d; 2/f, facevi; 3, veniva/b; 4/a, volevamo; 5/c, chiamavi, 6, bevevi/e.

p. 100 ES. 13 2, voleva/d; 3, tornava/b; 4, piaceva, veniva, era/a; 5, poteva, doveva/e.

ES. 14 2. volevo, Desideravo; 3. volevo, Desiderava; 4. Volevo, 5. cercavo, Preferiva, piaceva; 6. serviva, voleva.

p. 101 ES. 15 preferivo, volevo, desiderava, Volevo, Gradiva, volevo.

ES. 16 a/4; b/5; c/1; d/6; e/2; f/3.

p. 102 ES. 17 *Produzione propria, possibili soluzioni*: 2. Se c'era bel tempo, venivo alla grigliata; 3. Se mangiavamo al ristorante, spendevamo molto di più; 4. Se rimanevate a casa, non vi ammalavate; 5. Se partivano prima, arrivavano in tempo.

ES. 18 2. Doveva esserci un gatto; 3. Poteva essere stato un bambino; 4. Doveva essere in ritardo/Doveva avere fretta; 5. Doveva esserci lo sciopero degli autobus/L'autobus doveva aver fatto un incidente.

p. 103 ES. 19 2. doveva; 3. potevano; 4. Potevano; 5. Poteva/Doveva.

ES. 20 Dovevano, potevano, potevano, dovevano, poteva, Dovevano.

p. 104 ES. 21 2. volevo; 3. poteva/doveva; 4. poteva; 5. doveva; 6. conveniva.

ES. 22 cercava, riusciva, diceva.

ES. 23 aveva, aveva, faceva, c'era, aveva, voleva, volevano, aveva, era, sapeva.

p. 105 ES. 24 *Produzione propria, possibile soluzione*: Ecco il mio sogno: nuotavo in piscina e arrivava la prof di matematica che era vestita con il suo solito completo marroncino e quando arrivavo al traguardo mi chiedeva il teorema di Pitagora. Poi arrivavano i miei compagni a portarmi una merenda che cadeva nella vasca e tutti i pesci rossi venivano a galla e cantavano le canzoni di Natale.

ES. 25 1, 5, 6, 4, 2, 3.

ES. 26 voleva, era, venivano, diventavano, Divorava, piacevano, c'era, mangiava.

VERIFICA

p. 106 ES. 1 sono potuto, ho voluto, ho potuto, ho dovuto, ho potuto.

ES. 2 1. le ho prese; 2. li ho sentiti; 3. l'ho già visitata; 4. li ho già fatti; 5. Ne ho mangiati; 6. l'ho comprata; 7. Le ho sentite; 8. Le ho comprate; 9. L'ho scritta; 10. L'hanno notato.

p. 107 ES. 3 1. ha dovuto, entrava, rubava, sorprendevano; 2. sono potuto, aspettava, staccava; 3. hanno voluto, occupava, gridava, esponeva.

ES. 4 1. Signor Martelli, La chiamavo per sapere l'indirizzo dell'orario preciso del nostro appuntamento di domani.; 2. Anna e Fabio, vi cercavo per sapere se domani verrete a cena casa mia. Mi fate sapere? Grazie.; 3. Buongiorno, volevamo sapere se avete una camera per due persone per una settimana.